Inhalt
nach Reihenfolge

Inhalt
nach Themen

Name: „Checker" Can Mansuroglu
Alter: geboren 1983
Größe: 1,76 Meter
Beruf: Journalist, Reporter, Checker

Wohnort: München

Hobbys: Rennrad fahren, Musik hören, Filme gucken, Ski fahren und alles Mögliche checken!

Checker-Tipp: Sei neugierig, geh den Dingen auf den Grund, frag nach und werde selbst zum Checker!

KNACK DAS RÄTSEL!

Früher machte die Kutsche die Menschen mobil: Sie konnten schnell weite Strecken überwinden und viel Gepäck oder Waren transportieren.

geht's!

Gecheckt:

Welche Erfindung fasziniert dich am meisten?
Das Internet und Smartphones. So kann man ganz einfach Kontakt mit Menschen auf der ganzen Welt haben – egal wo sie gerade sind.

Was ist dein Lieblingsfortbewegungsmittel?
Das Auto (natürlich ein umweltfreundliches!), weil man damit weite Strecken fahren kann. Einfach irgendwohin, wo es schön ist, auch wenn es da keinen Bahnhof gibt.

Was wünschst du dir als Erfindung für die Zukunft?
Einen Teleportations-Schrank. Da müsste man einfach einsteigen und kommt sofort da an, wo man gerade hin will. Ob's das irgendwann wirklich gibt?

Der erste Motor wurde erst 1885 erfunden. Vorteil: Man brauchte keine Pferde mehr und konnte noch schneller noch schwerere Lasten bewegen.

= ?

Der Auto-Check

Das Tolle an Autos ist, finde ich, dass man sie für alles Mögliche benutzen kann: Es gibt schnelle, große, kleine, welche für's Gelände und geräumige für Familien. Manche sind sehr teuer, andere verbrauchen besonders wenig Sprit. Aber wie wird so eine Blechkiste eigentlich gemacht? Worauf kommt's an?

Wer hat eigentlich das Auto erfunden?

Gecheckt:

Ein deutscher Tüftler hat das Auto erfunden: Carl Benz stellte 1886 seinen „Patent-Motorwagen" vor. Er hatte drei Räder, weniger als eine Pferdestärke und schaffte nur zwölf Stundenkilometer – so schnell könntest du ein kleines Stück weit nebenher joggen. Trotzdem veränderte Benz die Welt damit. Man konnte längere Strecken überwinden und Menschen oder Gegenstände mitnehmen – ganz ohne Pferde.

12 km/h

Das Original des **ersten Autos** kannst du im Deutschen Museum in München anschauen.

Faktencheck

Spritfresser: Fast alle Autos haben „Verbrennungsmotoren". Das heißt, sie verbrennen Benzin oder Diesel, wenn sie fahren. Das verschmutzt die Umwelt. Und: Der Kraftstoff wird aus Erdöl gemacht, und das ist irgendwann alle.

Auto der Zukunft: Autohersteller versuchen gerade, Motoren zu entwickeln, die kein Benzin verbrauchen. Autos könnten in Zukunft mit Strom fahren, mit Sonnenenergie oder mit Biogas (hergestellt zum Beispiel aus Kuhmist).

Gecheckt:

Ab der ersten Idee dauert es noch drei bis vier Jahre, bis ein neues Modell wirklich auf der Straße rollt. Ein Designer (Gestalter) zeichnet erste Entwürfe mit der Hand oder dem Computer. Richtig gute Ideen werden aus Ton nachgebaut, damit man sich's besser vorstellen kann. Wenn alle sich auf einen Entwurf geeinigt haben, wird ein „Prototyp" gebaut, also ein fahrbares Modell. Parallel entwickeln Ingenieure (Techniker) Motor und Extras für das neue Auto. Dann wird das neue Auto getestet. Alles streng geheim natürlich.

Wie entstehen neue Automodelle?

Auto-Designer Steffen

kleines Tonmodell

Techniktest: Solange die Blechhülle, die sogenannte „Karosserie", noch nicht feststeht, bekommen Motor und Fahrgestell einfach so einen komischen Blechkasten übergestülpt.

Checkerbude

Genau geschaut: Wie entsteht ein Auto?

Damit ein Auto vom Fließband fahren kann, muss alles perfekt passen: Die Teile müssen rechtzeitig dort sein, wo sie gebraucht werden, die Maschinen müssen richtig programmiert sein und bei jedem Arbeiter muss jeder Handgriff sitzen.

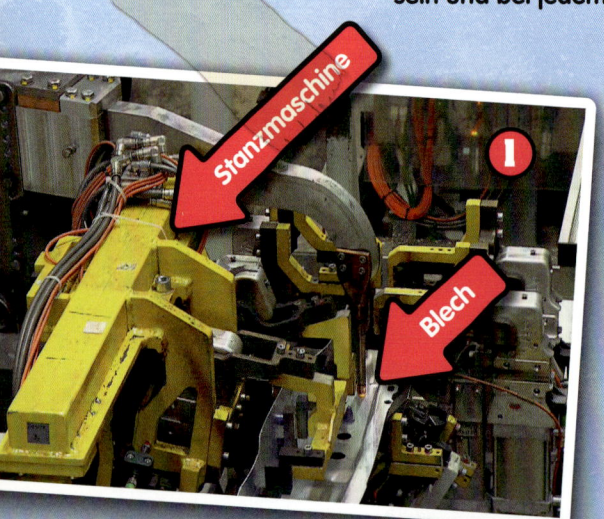

Stanzmaschine

1

Blech

1. Presswerk: Jedes Auto beginnt als riesige Rolle Blech. Daraus stanzt eine große Maschine die Einzelteile – wie Plätzchen aus einem Teig.

2. „Roboterballett": Roboter schweißen die einzelnen Blechteile zusammen. Dafür erhitzen sie einzelne Punkte, bis das Metall glüht – dann halten die Teile bombenfest zusammen. Das geht irre schnell und sieht aus, als würden die Roboter tanzen.

Gecheckt:

Du hast doch auch schon viele Spielsachen und willst immer neue, oder? Heute hat zum Beispiel fast jedes Auto ein Navigationssystem, vor zehn Jahren so gut wie keins. Autos werden verbessert. Gerade arbeiten die Hersteller daran, dass Autos so wenig Benzin wie möglich verbrauchen. Die Technik und die Erwartungen der Käufer verändern sich mit der Zeit. Und auch, was die Menschen schön oder hässlich finden.

Warum werden immer neue Autos entworfen und gebaut?

Karosserie

Fahrgestell

3. Lackierwerk: Roboter tauchen die Karosserie (Blechhülle) in verschiedene Farbbäder, damit das Auto schön bunt wird und das Metall nicht rostet.

4. „Hochzeit": Die lackierte Karosserie wird mit dem Fahrgestell (also Motor, Bremsen, Lenkung) „verheiratet". Erst zusammen ergeben sie ein Auto.

5. Endmontage: Am „Fließband" bauen Menschen ein, was noch fehlt: Lenkrad, Sitze, Räder zum Beispiel.
Was sich der Käufer eines speziellen Autos ausgesucht hat, wird in genau der richtigen Farbe, im richtigen Stoff oder Leder direkt an die richtige Stelle am Fließband geliefert und eingebaut. Eine echte Meisterleistung!

6. Schlusscheck: Bevor das Auto auf die Straße darf, wird noch einmal getestet, ob auch wirklich jeder Scheinwerfer, Blinker, Fensterheber und alles funktioniert. Fertig!

Arbeit am Fließband

Warum testet man Autos im Windkanal?

Gecheckt:

Ein Windkanal ist eine Halle, in der mit einem riesigen Propeller Wind gemacht wird. Autohersteller wollen so herausfinden, wie „windschnittig" (aerodynamisch) ihre Autos sind: Je weniger Angriffsfläche der Wind hat, desto geringer ist der sogenannte „Luftwiderstand" und desto weniger Luftverwirbelungen gibt es. Dadurch braucht der Motor beim Fahren weniger Kraft und desto weniger Benzin schluckt das neue Auto.

Check's selbst!

Halte bei langsamer Geschwindigkeit vorsichtig deine Hand aus dem Autofenster. Zeigt deine Handfläche in Fahrtrichtung, spürst du den Fahrtwind und damit den Luftwiderstand deutlich. Hältst du die Hand flach, sodass der Daumen vorne ist, bist du viel aerodynamischer unterwegs, weil der Wind weniger Angriffsfläche hat.

im Windkanal

1 Kastenform: Gegen einen Kasten knallt der Wind mit vollem Karacho, wird nach oben abgelenkt und verwirbelt hinten extrem. Kostet enorm viel Sprit. Aber die Form ist trotzdem praktisch: Ein Lkw kann so viel Ladung transportieren.

2 Kugelform: Flacher, rund und damit schon besser: Der Wind flutscht gut drüber, am Ende gibt es weniger Wirbel.

3 Tropfenform: Windschnittigste Form: der Tropfen. Der Wind kommt überall gut vorbei und am Ende gibt's fast keine Verwirbelungen.

Warum fahren keine Autos in Tropfenform durch die Gegend?

Gecheckt:

Windschnittig allein reicht leider nicht. In Autos sollen Menschen ja bequem sitzen können, sie sollen praktisch sein, gut aussehen und sicher im Straßenverkehr sein. Räder verwirbeln zum Beispiel den Wind, sind aber notwendig. Genauso die Außenspiegel, damit der Fahrer sieht, was rundum passiert.

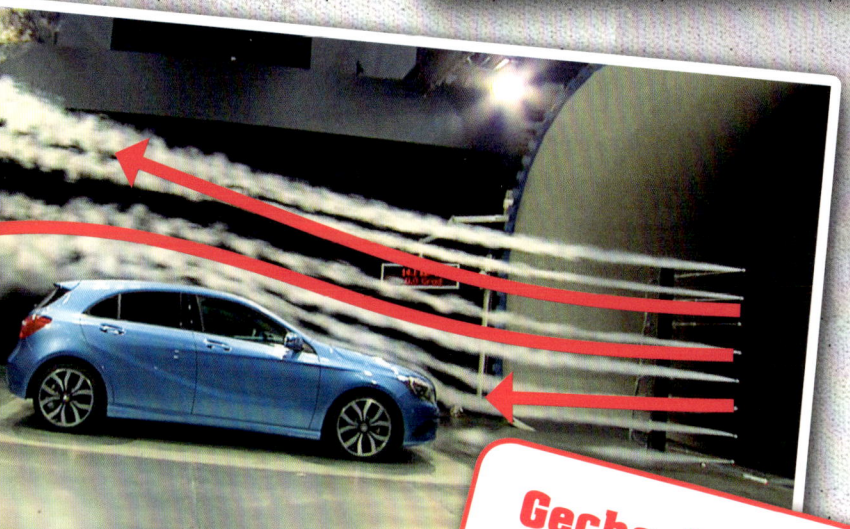

Der weiße Rauch macht den Wind sichtbar. So sehen die Entwickler, wo es Verwirbelungen gibt und an welchen Teilen der Wind hängen bleibt.

Warum sind die meisten Autos aus Blech?

Gecheckt:

Ein Auto besteht aus mehr als 500 Blechteilen. Blech ist besonders geeignet, weil es sich gut verarbeiten lässt und sich leicht verformt. Bei einem Unfall federt es durch viel Energie ab und schützt so die Mitfahrer. Der vordere Teil des Autos heißt deshalb auch „Knautschzone": Besser ist das Auto kaputt als die Menschen, die drin sitzen.

Test der "Knautschzone": Bei welcher Geschwindigkeit verbiegt sich das Blech wie stark?

Das Rad

– eine runde Sache!

Wer hat das Rad erfunden?

Wahrscheinlich haben **mehrere Völker** fast gleichzeitig das Rad erfunden, ohne voneinander zu wissen. Das ist um die **6.000 Jahre** her. Sie haben gemerkt, dass sich eine runde Scheibe leichter bewegen lässt als ein eckiger Stein.

Dass sich schwere Dinge besser rollen als tragen lassen, haben sich viele Völker sogar noch vor Erfindung des Rades zunutze gemacht: Nebeneinander gelegte **Baumstämme** funktionieren wie Rollen, auf denen sich schwere Gegenstände von Baum zu Baum schieben lassen. Die müssen dann von hinten wieder nach vorn gelegt werden. Irgendwann hat dann jemand entdeckt, dass auch **Baumscheiben** gut funktionieren, besonders wenn man sie mit einer **Achse** verbindet.

Rollen auf Baumstämmen

Rollen auf Holzscheiben

FÜR OBERCHECKER!

Die Ägypter haben das Rad vermutlich nicht gekannt. Sie transportierten Lasten vor allem auf dem Wasser (dem Nil). Wahrscheinlich nutzten sie eher so etwas wie Schlitten als Transportmittel an Land – Räder wären ja im tiefen Wüstensand auch steckengeblieben.

CC SPEZIAL

Mit der Erfindung von Kutschen begannen die Menschen zu reisen.

Warum war die Erfindung des Rades so wichtig?

Die Erfindung des Rades gilt als eine der wichtigsten Erfindungen überhaupt. Sie ist nicht wie viele andere Erfindungen von der Natur abgeschaut, sondern eine echte menschliche Erfindung. Mit den Rädern wurden die Menschen an Land nicht nur **schneller und beweglicher**, sie konnten mehr Dinge **einfacher und weiter transportieren**. Auch die meisten **Maschinen** würde es ohne die Erfindung des Rades nicht geben: Schaufelräder, Zahnräder, Generatoren, Fließbänder, Dampfmaschinen – von Kutschen, Fahrrädern, Autos, Lastwagen und Zügen ganz abgesehen. Das Rad hat die Welt verändert! Schau dich mal um: wo begegnen dir überall Räder?

Das Rad heute – vielfältig in Form und Zweck

Das Rad entwickelte sich schnell weiter. Statt ganzer Baumscheiben wurden **Speichen** eingesetzt, die das Rad leichter machten. Größere Räder wurden möglich. Je größer, desto schneller konnte man mit ihnen fahren. Metall außen um das Holzgerüst machte das Rad robuster. Viel später wurden die Räder dann zu Reifen: mit **Gummi** umspannt und mit **Luft gefüllt.** Das machte die Fahrt für Menschen und Waren angenehmer, weil es nicht mehr bei jedem Stein ruckelte. Heute sind Reifen innen meist aus **Metall statt Holz** und haben außen verschiedene Gummimischungen – je nachdem, was sie aushalten müssen.

Fahrradreifen

altes Holzrad

Skateboardrollen

Autoreifen

heiße Reifen

Besondere Räder: Warum platzen Flugzeugreifen nicht bei der Landung?

Flugzeugreifen müssen besonders viel aushalten. Wenn ein Flieger landet, werden sie sofort von null auf ungefähr 250 Stundenkilometer beschleunigt und dabei extrem heiß. Jeder Reifen muss ungefähr hundert Mal so viel Gewicht aushalten wie ein Autoreifen. Deshalb sind Flugzeugreifen **besonders dick, breit und stabil**. Und sie haben – anders als dein Fahrradreifen – keinen Schlauch. Sie sind auch nicht mit Luft, sondern mit einem Gas gefüllt: Stickstoff. **Stickstoff** kommt viel besser mit plötzlichen Temperaturschwankungen von über 100°C im Moment der Landung klar. Außerdem sind im Stickstoff keine Wasserteilchen, die im Flug gefrieren könnten.

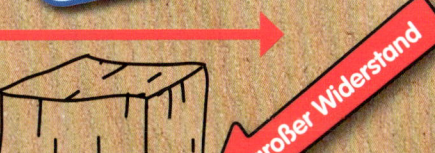

großer Widerstand

kleiner Widerstand

Check's selbst!

Wenn eine Last rollen kann, ist der Widerstand viel geringer, als wenn sie gezogen oder geschoben wird. Es geht also leichter. Probier's aus: Schiebe eine Streichholzschachtel eine schiefe Ebene, zum Beispiel ein schräg gestelltes Buch, hinauf. Dann probier's noch mal und lege viele Zahnstocher unter, sodass die Schachtel drauf rollen kann.

Der Boarder-Check

Ein „Boarder" ist jemand, der mit einem Board, also einem Brett, unterwegs ist. Ich zum Beispiel bin früher gerne mit dem Skateboard rumgefahren. Boarden geht aber auch auf Schnee oder auf Wasser. Durch die Gegend zu brettern macht immer Spaß!

Helm

Handschoner

Ellenbogenschoner

Knieschoner

Tail

Stürze gehören gerade am Anfang zum Skateboarden dazu. Deshalb niemals ohne Helm und Schutzkleidung aufs Brett!

Fahrtrichtung

Faktencheck

Das Surfen (sprich „sörfen") ist das Reiten auf Wellen im Meer mit einem Surfbrett. Es gilt als Urvater des **Skateboardens** auf der Straße und des **Snowboardens** bergab über Schnee.

Ziel beim **Boarden** auf Wasser, Schnee oder Asphalt ist es natürlich, nicht vom Brett zu fallen. Zusätzlich versuchen die meisten Boarder, besonders schwierige oder coole Kunststücke zu machen, die sogenannten **„Tricks"** oder **„Moves"**.

Die **Sprache** in allen Boardsportarten ist vollgestopft mit englischen Wörtern. Das hängt damit zusammen, dass das Surfen auf den hawaiianischen Inseln in **Amerika** erfunden wurde. In Amerika fingen auch die ersten Surfer mit dem Skateboardfahren an.

Skateboardfahren ist super: Sieht nicht nur lässig aus, sondern trainiert auch Gleichgewicht, Koordination und Geschicklichkeit. Das Skateboard (also Deck) ist nicht sehr teuer, hat vorne die Nase (Nose) und hinten den Schwanz (Tail), unten dran natürlich Rollen (Wheels) und obendrauf eine Art Schmirgelpapier (Griptape), damit du nicht so leicht abrutschst.

Griptape

Deck

Nose

Wheels

Checkerbude

Genau geschaut: Was ist ein Ollie?

Der Ollie ist der erste Trick, den jeder Skate-Anfänger üben und beherrschen sollte. Er ist die Mutter aller Skater-Tricks und der Ausgangspunkt für alle anderen „Moves". Der, der den Trick zuerst gemacht hat, hieß mit Vornamen Ollie. Darum heißt der Trick auch so.

Gecheckt:

Damit die Rollen rollen wie geschmiert, liegen zwischen den Rollen und der Achse die Kugellager. Die bestehen aus einem großen und einem kleineren Ring. Dazwischen sind lauter kleine Kugeln, die sich mitdrehen. So flutscht die Bewegung, weil wenig bremsende Reibung entsteht.

Wie funktioniert ein Kugellager?

Kugellager

Ollie für Anfänger

1. Hinterer Fuß drückt hinten aufs Brett.
2. Brett springt mit der vorderen Achse in die Luft.
3. Der vordere Fuß drückt das Brett nach vorne und leicht runter, bis es hinten auch hochkommt. Der hintere Fuß zieht es mit hoch.
4. Einen Moment lang steht das Brett fast waagerecht in der Luft.
5. Dann geht's runter zur Landung.
6. Üben, üben, üben! Trau dich, irgendwann klappt der Trick!

AUTSCH!!!

kleiner Ring

Kugeln

großer Ring

Gleichgewichtsorgan

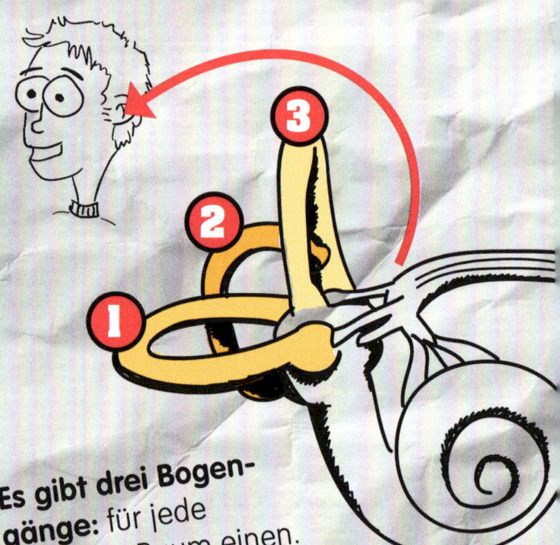

Es gibt drei Bogen-gänge: für jede Ebene im Raum einen.

Check's selbst!

Wie gut ist dein Gleichgewicht? Stell dich auf ein Bein und zähle die Sekunden, bis du umfällst. Danach probier das Ganze mit geschlossenen Augen. Schon schwerer, oder? Jetzt die Checker-Herausforderung: Stell dich auf einen wackligen Untergrund, etwa eine dicke Matratze. Dann die Augen zu und ein Bein hoch ... Und keine Sorge: Deinen Gleichgewichtssinn kannst du trainieren!

Waveboard

Gelenk

1 Rolle

Bretter, die Sportler

Boarden kannst du auf der Straße, im Wasser und im Schnee – Bretter gibt's jede Menge. Hier die wichtigsten:

Im Wasser:

Surfboard: Zum Wellenreiten. Der Urvater aller Boards.
Longboard: besonders langes Surfbrett
Windsurfbrett: Surfboard mit Segel
Wakeboard: Board, das von einem Boot oder einem Lift über den See gezogen wird. Mit Bindung, das heißt, die Füße werden da darauf festgemacht.
Kiteboard: Kurzes Brett, das der Boarder mit einem Lenkdrachen („Kite") über den See steuert.
Bodyboard: Kurzes Brett, auf dem der Boarder mit seinem Körper (= Body) liegt.

Gecheckt:

Ein gutes Gleichgewicht ist ganz wichtig für alle Boarder. Wie das geht? Wir Menschen haben ein „Gleichgewichtsorgan". Das sitzt innen im Ohr, im sogenannten „Labyrinth". Das Gleichgewichtsorgan sieht etwa aus wie drei gebogene Schläuche, die mit einer Flüssigkeit gefüllt sind. Weil sich die Flüssigkeit bewegt (wie Wasser im Wasserschlauch), erhält das Gehirn Informationen, ob wir gerade oder schief stehen, uns im Kreis drehen oder kopfüber unterwegs sind. Diese Informationen vergleicht das Gehirn blitzschnell mit den Bildern der Augen und dem, was die Beine fühlen. Falls etwas schiefläuft, gibt das Gehirn die Befehle zum Gegensteuern. Wir bleiben im Gleichgewicht.

...ie Welt bedeuten

Wakeboard

Bindung

Auf der Straße:

Skateboard: Brett mit vier Rollen
Longboard: besonders langes Skateboard
Waveboard: Kleines Board mit nur zwei Rollen und Gelenk, das durch wellenartige Bewegungen fährt. Fühlt sich an wie Surfen auf der Straße.

Im Schnee

Snowboard: Brett mit scharfen Stahlkanten für guten Halt im glatten Schnee. Mit Bindung.

Abgefahren!

Rekordverdächtiges mit Rollen

Spritzt bis zu 70 Meter weit

13.500 Liter Wasser

Die Flughafenfeuerwehr hat riesige Feuerwehrautos, die im Notfall bei Flugzeugbränden ranmüssen. Brennendes Kerosin wird nicht mit Wasser gelöscht, sondern mit Schaum erstickt.

1.000 PS

Flughafen-Feuerwehr München

1.600 Liter Schaum

Der wahrscheinlich **aerodynamischste Lkw** der Erde sieht aus wie aus einer anderen Welt (was Aerodynamik bedeutet, steht auf Seite 12). Er soll nur die Hälfte an Benzin verbrauchen, darf aber auf unseren Straßen nicht fahren. Cooles Gerät irgendwie, oder?

3.600 PS

Riesenkipplader

verrückter Lkw

wind-schnittig

Riesenkipplader: Diese Monster haben 3.600 PS und können 360 Tonnen transportieren, so viel wie 70 Elefanten. Sie sind so hoch wie ein Haus (sieben Meter) und werden in Minen eingesetzt.

mehr als 1 Tonne schwer

Platz für 30 Leute

11 Meter lang

größtes Skateboard der Welt

Krasses Board! Drei Jungs aus dem amerikanischen Kalifornien haben es gebaut: Über eine Tonne schwer, elf Meter lang und mit Platz für mehr als 30 Menschen. Und natürlich wie ein kleines Skateboard: ohne Bremse ... Total verrückt!

380.000.000 Stück

Der größte Reifenhersteller der Welt, also die Firma, die die meisten Reifen produziert, ist: Lego. Die machen viel mehr Spielzeugreifen als jedes andere Unternehmen das Auto- oder Lastwagenreifen herstellt. Nämlich mehr als 380.000.000 Stück im Jahr!

Die kleinsten Skateboards der Welt sind die sogenannten Fingerboards. Sie sind nur ein paar Zentimeter groß, sehen aber aus wie die großen. Und sie funktionieren auch so. Es gibt Leute, die haben mit den Fingerboards ziemlich abgefahrene Tricks drauf!

Fingerboard

25

Der Blaulicht-
Check

Wenn irgendwo ein Blaulicht blinkt, weiß jeder sofort: Da ist was passiert. Im Straßenverkehr kommt neben dem Blaulicht meistens auch noch die Sirene zum Einsatz. Aber wer darf überhaupt mit Blaulicht fahren? Und wann wird es eingeschaltet? Mehr Licht ins Blaulicht-Dunkel bringt der Blaulicht-Check!

Warum ist das Blaulicht blau?

Gecheckt:

Als Warnsignal muss Blaulicht im Straßenverkehr unbedingt auffallen. Rot, Gelb und Grün sind aber schon für die Ampel vergeben. Scheinwerfer sind weiß oder gelb, Baustellenzeichen gelb oder orange. Blau als Signalfarbe sticht da besonders heraus. Muss es ja auch.

Blaulicht

DIE JOHANNITER

1492

Das Blaulicht ist immer möglichst weit oben montiert. Logisch, damit man's gut sieht.

Faktencheck

Auffällig: Das Blaulicht blinkt oder blitzt ungefähr zwei Mal pro Sekunde, das sind 120 Blitze in einer Minute.

Schnelle Hilfe: Die Telefonnummer **112** landet direkt bei der Feuerwehr und beim Rettungsdienst. Funktioniert immer, von jedem Telefon aus und in ganz Europa. Die Nummer **110** geht zu einer Polizeiwache.

Gefährlich: Obwohl die Einsatzfahrzeuge mit Blaulicht und Sirene auffallen, passieren immer wieder Unfälle. Nicht nur die Fahrer müssen besonders gut aufpassen, sondern auch wir anderen Verkehrsteilnehmer.

Wer darf mit Blaulicht und Sirene fahren?

Gecheckt:

Bei uns dürfen nur Polizei, Feuerwehr und Krankenwagen mit Blaulicht und Sirene unterwegs sein. Dazu kommt das THW, das Technische Hilfswerk. Die haben dunkelblaue Fahrzeuge und helfen bei schweren Katastrophen wie Hochwasser, Erdbeben oder Flugzeugabstürzen. Sie haben Spezialtechnik wie starke Pumpen, Boote, Bagger oder extrem starke Scheren dabei.

Gecheckt:

Das Blaulicht bedeutet allgemein „Achtung, da ist was los!" Zum Beispiel leuchtet's auch, wenn die Polizei einen Schwertransport oder Personen begleitet. Wenn in einem Einsatz aber Blaulicht **und** Sirene eingeschaltet sind, liegt ein schlimmer Notfall vor. Nur dann haben Polizei, Feuerwehr und Krankenwagen immer Vorfahrt, die anderen Fahrzeuge müssen Platz machen und sogar die rote Ampel gilt nicht.

Die Polizei muss manchmal wichtige **Personen begleiten** und schützen – zum Beispiel Politiker.

Blaulicht

Zusätzlich zum Blaulicht auf dem Dach haben die meisten Einsatzfahrzeuge **„Frontblitzer"**. Die erkennen Autofahrer im Rückspiegel sofort. Im Einsatz muss es schließlich schnell gehen.

Frontblitzer

Frontblitzer

POLIZEI

Gecheckt:

Tatütata, die Feuerwehr ist da. Die Sirene ist laut und berühmt. Kennt jedes Kind. Die Melodie dauert drei Sekunden und wurde bereits 1932 für ganz Deutschland festgelegt. Die Sirene heißt auch „Martinshorn". Eigentlich heißt sie Martinhorn, weil die Firma Martin das Horn mit der typischen Melodie herstellt.

Tatütata

FÜR OBERCHECKER!

Die Sirene ist nicht in jedem Land gleich. Hör mal genau hin, wenn du im Urlaub bist und ein Krankenwagen oder die Polizei an dir vorbeifährt. Hört sich anders an als bei uns, aber dir ist trotzdem sofort klar: Achtung! Notfall!

Martinshorn

Blaulicht

FEUERWEHR

Gecheckt:

Auf der Autobahn ist schnell mal Stau, wenn zum Beispiel ein Unfall passiert. Dann geht nichts mehr. Damit der Krankenwagen trotzdem zügig zu den Verletzten kommt, müssen die anderen Autofahrer ein Stückchen zur Seite fahren. So bilden sie zwischen den beiden Spuren (bei drei Spuren zwischen mittlerer und linker Spur) eine Gasse und Autos mit Blaulicht und Sirene kommen vorbei – durch die Rettungsgasse.

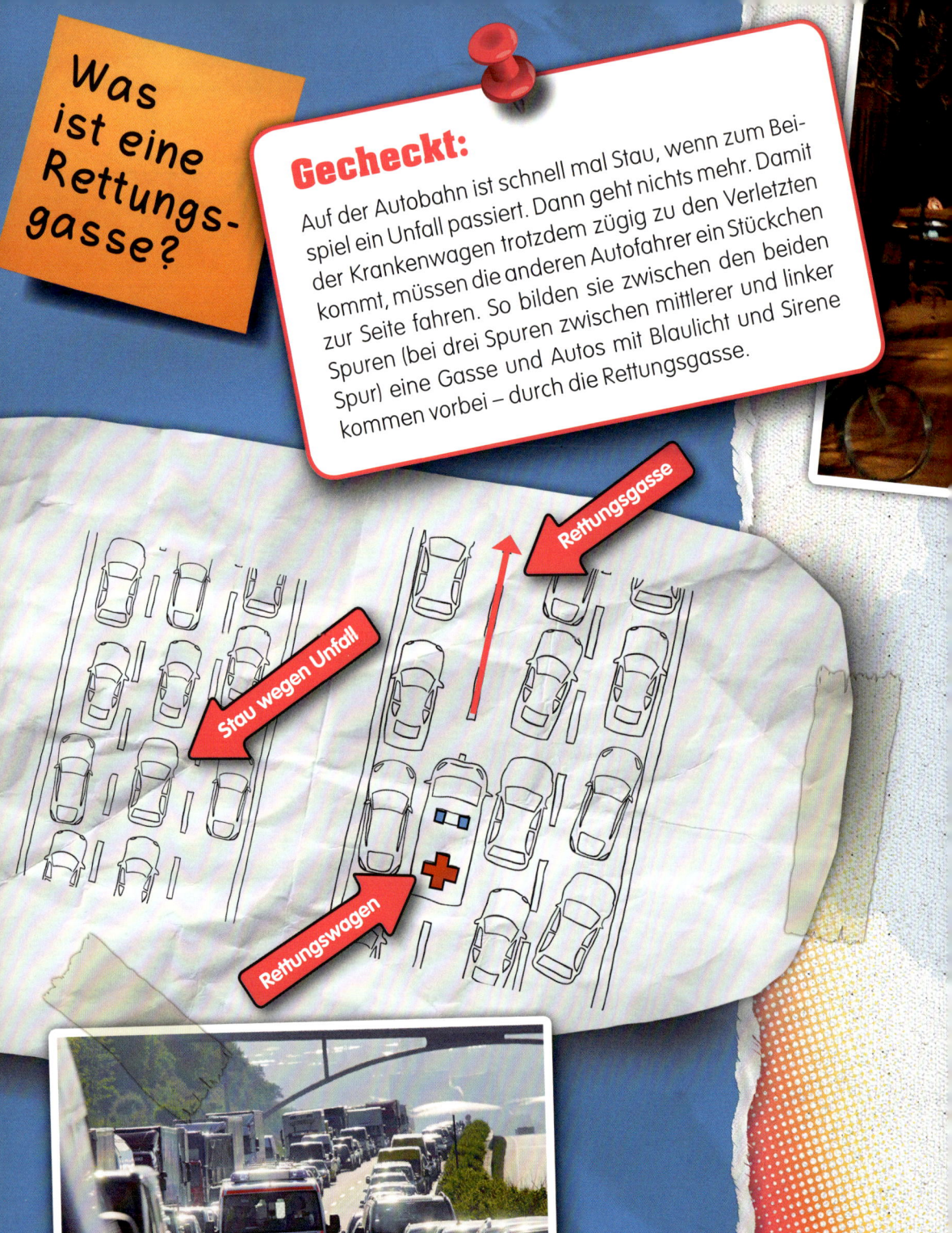

Rettungsgasse

Stau wegen Unfall

Rettungswagen

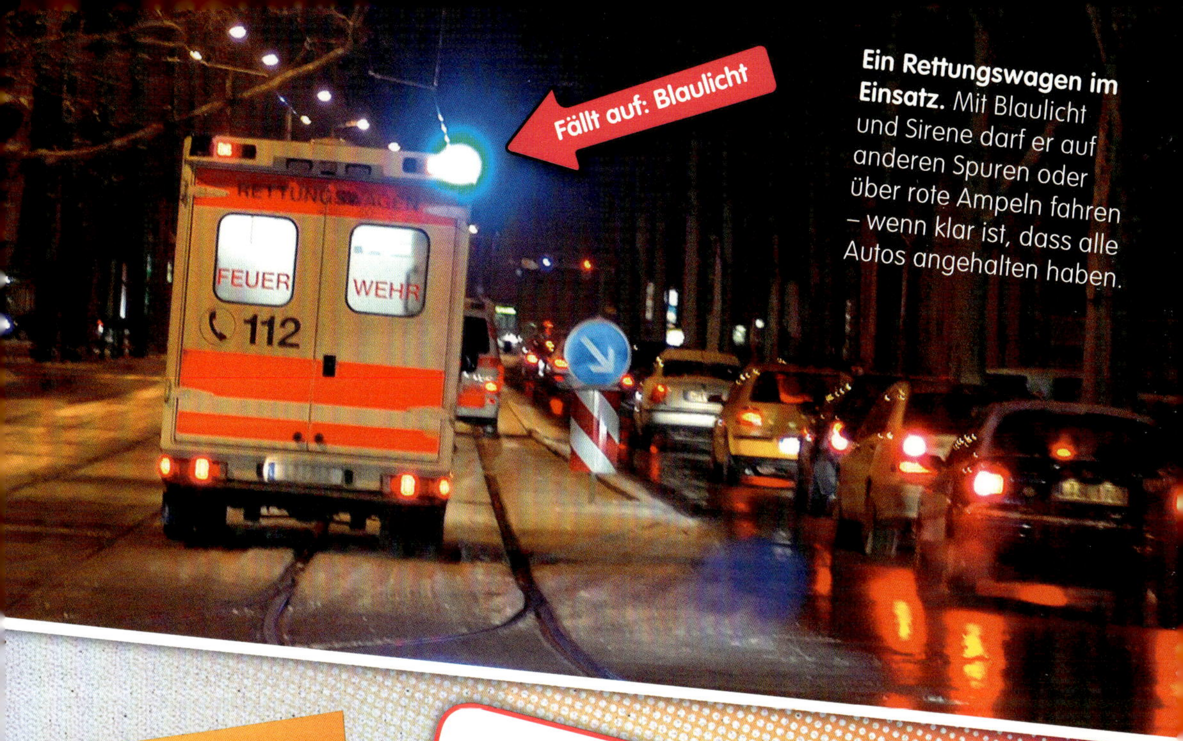

Fällt auf: Blaulicht

Ein Rettungswagen im Einsatz. Mit Blaulicht und Sirene darf er auf anderen Spuren oder über rote Ampeln fahren – wenn klar ist, dass alle Autos angehalten haben.

Warum heißen Polizeiautos „Streifen-wagen"?

Gecheckt:

Klar, sie haben Streifen. Hat damit aber nichts zu tun. „Streifenwagen" kommt vom Ausdruck „auf Streife gehen", also vom Durchstreifen und Sichern eines bestimmten Gebietes – ohne dass es dort einen Einsatz gibt. Meistens gehen Polizisten zu zweit auf Streife, manchmal zu Fuß, aber oft auch in ihrem Streifenwagen.

Polizisten auf Streife: Sie schauen, ob alles in Ordnung ist, ihnen etwas Ungewöhnliches auffällt oder jemand Hilfe braucht.

Der Lastwagen-Check

Einmal einen richtig dicken Brummi steuern – davon träumt wahrscheinlich jeder. In meiner Fernsehsendung habe ich Maria getroffen – Maria und ihren 40-Tonnen-Laster. Und den durfte ich auf der Teststrecke sogar selber ein paar Meter fahren. Richtig cool!

Wo ist beim Lkw der Motor?

Gecheckt:

In anderen Ländern haben Lkw riesige Motorhauben. Weil in Deutschland die Länge je nach Art des Lkws auf 16,5 - 18,75 m beschränkt ist, haben die Lkw-Bauer den Motor unter dem Führerhaus versteckt, anstatt ihn vorne dran zu bauen. Bei einer Reparatur wird einfach das ganze Führerhaus nach vorne gekippt.

Führerhaus

Motor

Führerhaus

Maria

Faktencheck

Lkw heißt ausgeschrieben „**Lastkraftwagen**", aber Laster oder Brummi kannst du natürlich genauso sagen.

Lkw transportieren in Deutschland **mehr als die Hälfte** aller Güter: 3.000.000.000 (drei Milliarden!) Tonnen. Ungefähr zehnmal so viel wie alle Züge und zwanzigmal so viel wie alle Schiffe zusammen.

Es gibt **verschiedene Lkw**: welche mit Plane oder Container, welche mit Kühlhäusern für Frisches oder mit Tanks für Flüssiges. Andere haben sogar Schaufeln zum Schneeschieben oder Betonmischer für Baustellen drauf.

Führerhaus: Arbeitsplatz, Wohnzimmer und oft auch Schlafzimmer des Fahrers.

Zugmaschine: Zieht den Auflieger, der fest mit der Zugmaschine verbunden wird.

Auflieger: Liegt auf der Zugmaschine auf, kann alles Mögliche transportieren.

Sattelzug = Zugmaschine + Auflieger

Tank mit 600 Litern Diesel!

Auflieger

Zugmaschine

40 Tonnen: Mehr darf ein voll beladener Lkw in Deutschland nicht wiegen. Das ist so viel wie acht ausgewachsene Elefanten.

8 ELEFANTEN

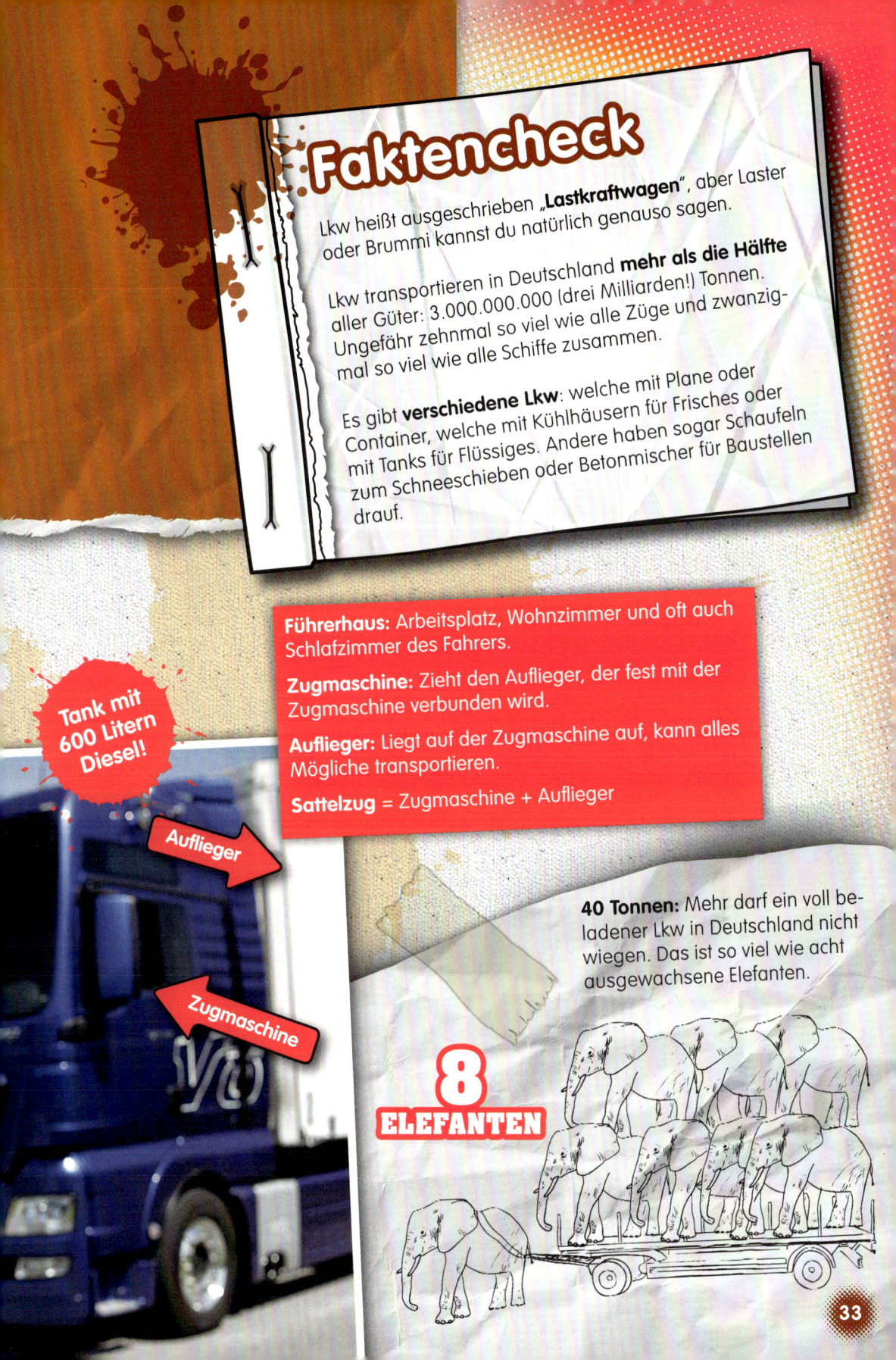

Was ist ein toter Winkel?

Crash!

2

toter Winkel

Fahrrichtung

toter Winkel

1

Gecheckt:

Ein Brummi ist ein ziemlich großes, sperriges Ding. Trotz der vielen Außenspiegel gibt es Bereiche, die der Fahrer nicht im Blick haben kann. Die nennt man: „Toter Winkel". Der Fahrer sitzt weit oben und sieht Fußgänger und Fahrradfahrer direkt vor, neben und hinter dem Brummi nicht. Hier bitte immer sehr gut aufpassen und Abstand halten!

FÜR OBERCHECKER!

In Amerika, Kanada und Australien gibt es besonders lange Lkws: die „Road Trains" („Straßen-Züge"). Sie bringen extrem viele Waren auf einmal in einsame Gegenden. In Australien dürfen die Trucks länger als 50 Meter sein – dreimal so lang wie in Deutschland. Sie haben bis zu 150 Tonnen geladen – fast dreimal so viel wie unsere Brummis.

ROAD TRAIN

BULK 53

Gecheckt:

Der Fahrer muss fit und aufmerksam sein, damit im Verkehr nix passiert. Deshalb darf er am Tag höchstens neun Stunden fahren, zweimal die Woche auch zehn Stunden. Und alle viereinhalb Stunden muss er 15 Minuten Pause machen. Damit keiner schummelt, hat jeder Lkw eine Scheibe eingebaut, die diese Zeiten genau aufzeichnet. Die Polizei kontrolliert, ob sich alle daran halten.

länger als 50 Meter

150 Tonnen

Gecheckt:

Laster haben eine Spezialbremse, die besonders gut greift: die Druckluftbremse. Wenn der Fahrer aufs Bremspedal drückt, bremst er nicht direkt, sondern signalisiert der Druckluftbremse, wie stark sie bremsen soll. Weil der Laster viel schwerer ist als ein Auto, würde die Kraft des Fahrers – auch wenn sie verstärkt wird – nicht reichen. Das übernimmt der Luftdruck – sowohl für die Zugmaschine als auch für den Anhänger. Der wird nämlich noch mal extra gebremst.

Checkerbude

Genau geschaut: Wie funktioniert eine Druckluftbremse?

Bei dem ganzen Gewicht, das der Lkw stoppen muss, sind super Bremsen enorm wichtig. Die funktionieren so:

1. Der Fahrer drückt aufs Bremspedal.
2. Es geht ein Signal an die Steuerung der Bremsen.
3. Je nachdem, wie fest das Bremspedal gedrückt wird (zum Beispiel leichtes Bremsen oder Vollbremsung), wird viel oder wenig Druckluft umgeleitet: von dem System, in dem die zusammengepresste Luft ist, in die Leitungen, die an die Bremsen führen. Die Luft drückt die Bremsbacken fest an die Räder. Je mehr Druckluft an die Bremsbacken geleitet wird, desto stärker bremst der Lkw.
4. Am Schluss wird die Druckluft wieder aufgefüllt, das ist das laute „Pfft", das man oft hört, wenn ein Lkw angehalten hat.

Geht das System mal kaputt oder gibt's ein Leck, dann hält der Lkw an: Die Bremsen sind so gebaut, dass sie ohne Druckluft fest zu sind.

YES!!!

FÜR OBERCHECKER!

Selbst mit super Bremsen braucht ein voll beladener Lkw noch zwischen 60 und 100 Metern, um komplett anzuhalten – Wahnsinn, die Länge eines Fußballfeldes!!

Leitungen mit Druckluft

Druckluft-behälter

Fahrer bremst

Druckluft wird an Bremsbacken geleitet.

Bremsbacken

Wie findet das Navi den Weg?

„Navigieren" kommt vom lateinischen **„navigare"** und bedeutet **„Führen eines Schiffes"**. Benutzt man heute aber auch für Autos, Lkw, Flugzeuge.

Moderne Navigationstechnik

Unsere Navis im Auto oder im Handy arbeiten mit dem System **„GPS"** (Global Positioning System). Das heißt so viel wie „System zur weltweiten Ortsbestimmung". Funktioniert also überall.

Im Navi eingebaut ist ein GPS-Empfänger, der ständig Daten von mindestens drei **Satelliten** aus dem Weltall bekommt. Die funken ständig, wo sie gerade herumschwirren. Entscheidend ist, wie lange ihre Funksignale zum Navi brauchen. Daraus berechnet es, wie der Abstand zu den drei Satelliten ist und daraus wiederum, wo es sich selbst gerade befindet. Zum Beispiel da, wo du gerade mit dem Checkerbuch und Navi in der Hand stehst.

Diesen Punkt vergleicht es dann mit den **Karten** und Stadtplänen, die es gespeichert hat. So sagt es uns, wo wir sind, wie schnell wir fahren und wo wir als Nächstes hinmüssen. Je mehr Satelliten, desto genauer wird die Berechnung. Mit dreien klappt's auf ungefähr zehn Meter genau.

CC SPEZIAL

Früher und heute das wichtigste Gerät für Abenteurer: der Kompass

Ein Magnet hat **zwei Pole**: Plus und Minus. Zwei gleiche Pole stoßen sich ab, unterschiedliche Pole ziehen sich an. Auch die Erde ist ein Magnet mit zwei Polen: dem **Nordpol** und dem **Südpol**. Das ist ganz wichtig für die Navigation mit einem Kompass: Im Kompass ist eine dünne Nadel aus Metall befestigt, die sich bewegen kann. Die Spitze dieser Nadel wird vom Magnetfeld des Nordpols angezogen. Das heißt: Die **Kompassnadel** zeigt immer genau nach Norden. Drehst du jetzt den Kompass so, dass die Beschriftung „N" wie **Norden** genau unter der Nadel liegt, weißt du, wo Norden ist – egal, wo du mit deinem Kompass stehst. Die anderen Richtungen kannst du dann ganz leicht ablesen und rennst garantiert nicht im Kreis herum. Zusammen mit einer Karte findest du so immer den richtigen Weg!

Wie haben die alten Seefahrer navigiert?

Die mutigen Männer, die mit Segelschiffen losfuhren, um neue Länder zu entdecken, hatten noch keine Navis. Sie mussten sich auf **gezeichnete Karten** verlassen und konnten sich mitten auf dem Meer nur am **Stand der Sonne**, dem **Mond**, dem sehr hellen Polarstern oder anderen **Sternbildern** orientieren. Sie hatten mit dem **„Sextanten"** aber auch ein besonderes Gerät, das ihnen bei der Berechnung ihres Standorts half. Und natürlich den **Kompass**. Dass das alles sehr ungenau war, kannst du dir sicher vorstellen. Der Abenteurer Christopher Kolumbus zum Beispiel hat vor mehr als 500 Jahren Amerika entdeckt. Aber eher zufällig, eigentlich wollte er einen neuen Weg nach Indien finden. Er hat sich also „verfahren" und dabei ein riesiges Land entdeckt!

Durch den Spiegel sieht man die Sonne beziehungsweise den Mond

Geradeaus sieht man den Horizont

Spiegel

Sehrohr

Ein Sextant: Wenn man durch das Sehrohr schaut, sieht man in einer Hälfte den Horizont, in der anderen die Sonne beziehungsweise die Sterne. Daraus lässt sich berechnen, wo man sich befindet.

Check's selbst!

Navigieren mit dem Stand der Sonne:
„Im Osten geht die Sonne auf, nach Süden nimmt sie ihren Lauf, im Westen wird sie untergeh'n, im Norden wird sie nie geseh'n".

Die Sonne bewegt sich im Tagesverlauf vom Osten über den Süden in den Westen.

Pilot Markus

Navigation im Flugzeug: Wie findet der Pilot den Weg?

Wenn ein Pilot die Orientierung verlieren würde, wäre das besonders gefährlich. Er kann ja nicht mal kurz rechts ranfahren und nach dem Weg fragen. Deshalb hat jedes Flugzeug viel Technik an Bord.

- Satelliten helfen auch mit bei der Navigation in der Luft – wie das Navi im Auto.
- Mehrere Magnetkompasse sind natürlich auch an Bord.
- Zusätzlich unterstützen Kreiselkompasse die Piloten. Diese Kompasse können nicht von anderen Magneten abgelenkt werden und funktionieren auch in Räumen mit viel Metall außenrum präzise. Also im Flugzeug.
- Die „Flugsicherung" überwacht den Luftraum eines Landes und passt auf, dass keine Flugzeuge in der Luft zusammenstoßen.
- „Funkfeuer" geben dem Piloten auch per Funk den richtigen Kurs zum Zielflughafen vor.
- Auf dem Flugplatz steht der Pilot mit dem Tower in Kontakt, der die Flugzeuge auf dem Flughafen dirigiert.
- Zusätzlich hat jedes Flugzeug passende Pläne und Karten an Bord.

Der Flughafen-Check

Wegfliegen, sehen, wie's woanders aussieht und erfahren, wie die Menschen dort leben – das macht mir Riesenspaß. Deshalb bin ich auch gerne am Flughafen. In München habe ich mir angeschaut, wie das eigentlich so funktioniert. Bitte alle anschnallen, hier kommt der Flughafen-Check.

Tower (sprich „Tauer"): Turm, von dem aus die Fluglotsen aufpassen, dass bei Starts und Landungen keine Unfälle passieren.

Vorfeld: Parkplatz der Flugzeuge. Hier steigen Passagiere ein und aus und die Flugzeuge werden startklar gemacht.

Terminal (sprich „Törminell"): Hier kommen Passagiere an, geben ihre Koffer ab und werden kontrolliert.

Hangar: Hier werden Flugzeuge repariert.

Faktencheck

Große Flughäfen sind wie **kleine Städte** mit Restaurants, Geschäften, Kinos, Ärzten, Feuerwehr, Friseur, eigener U-Bahn oder sogar eigener Postleitzahl. Sie haben viele tausend Mitarbeiter und viele Millionen Besucher im Jahr, die starten oder landen.

Der Flughafen in **Frankfurt am Main** ist **der größte Flughafen in Deutschland** und nach London und Paris der drittgrößte in Europa. Der Flughafen München ist die Nummer zwei in Deutschland.

Vom größten Flughafen der Welt im amerikanischen Atlanta starten und landen im Jahr fast 100 Millionen Menschen.

Der Münchner Flughafen von oben

Was passiert, bevor ich wegfliege?

Gecheckt:

Erst kommt der Check-in (vom englischen „to check", also prüfen, aufspüren). Jede Fluggesellschaft checkt, ob der Passagier wirklich gebucht hat, wo er im Flugzeug sitzen möchte und nimmt ihm das Gepäck ab. Weiter geht's zur Sicherheitskontrolle: Jeder Gast wird kontrolliert, ob er nichts dabeihat, was für den Flug, die Mitarbeiter oder andere Passagiere gefährlich werden könnte. Danach geht's über einen Tunnel ins Flugzeug.

Checkerbude

Genau geschaut: Was passiert zwischen Landung und Start?

Es geht auf jeden Fall hektisch zu! In weniger als einer Stunde müssen die ankommenden Flugzeuge

1. frisch geputzt,
2. neu mit Koffern, Speisen und Getränken beladen,
3. vollgetankt,
4. von der Crew auf Schäden überprüft,
5. vom Schlepper ausgeparkt werden
6. und sich mit neuen Passagieren auf den Weg zum nächsten Ziel machen!

Flugzeuge haben keinen Rückwärtsgang. Beim Ausparken hilft ihnen deshalb ein „Schlepper". Manche Schlepper heben das vordere Rad des Flugzeugs einfach an und rangieren mit dem Flugzeug rückwärts – wie mit einem Anhänger.

Schlepper

Ein Flugzeug braucht 20.000-40.000 Liter Flugbenzin (Kerosin). Das wird unterirdisch in Tanks gelagert. Der Tanklaster zapft es aus den Tanks und pumpt den Treibstoff in die Tanks in den Flügeln.

„Follow Me"-Lotse

„Follow Me": Lotse, der dem Piloten hilft, auf dem riesigen Flughafen den richtigen Weg zu finden.

Tankwagen

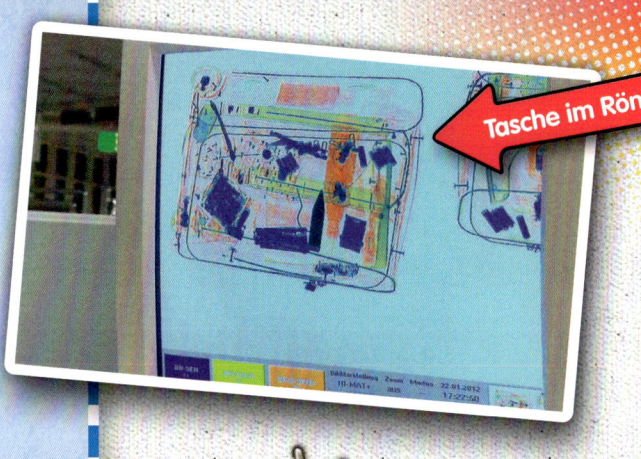

Tasche im Röntgengerät

Was passiert bei der Personenkontrolle?

Gecheckt:

1. Das Handgepäck kommt auf ein Förderband und fährt durch eine Röntgenmaschine. Auf einem Bildschirm kann ein Mitarbeiter so in den Koffer schauen und sieht ungefähr, was drin ist.

2. Wir Menschen müssen durch eine Art Türrahmen gehen, der Metall aufspürt (wie zum Beispiel Messer) und dann pfeift.

3. Wenn's pfeift, kommt ein Mitarbeiter mit einer „Handsonde": Schaut aus wie ein kleiner Tennisschläger und sendet Magnetwellen aus. Metall reflektiert die Wellen und das Gerät pfeift. So weiß der Mitarbeiter genau, wo das Metall ist und kann überprüfen, ob es ungefährlich ist.

SO MACHT'S DER CHECKER!

Ins Flugzeuginnere darf nichts, womit andere Reisende oder die Besatzung verletzt werden könnte.

- **Ins Handgepäck** (also die Tasche, die ich mit an Bord nehme) dürfen keine Messer, Scheren oder spitze Gegenstände. Außerdem sind Flüssigkeiten verboten, die könnten explosiv sein.
- Ich packe spitze Sachen oder Flüssigkeiten (Duschgel auch) immer **in den großen Koffer**, den ich am Check-in abgebe. Da komm ich erst am Ziel wieder ran.
- Weil das Gerät **bei der Personenkontrolle bei Metall** sofort Alarm schlägt, nehme ich meinen Gürtel ab und lege auch alle Kugelschreiber oder Münzen aufs Förderband.

Der A380 ist zurzeit das größte Passagierflugzeug der Welt:

- Voll beladen wiegt er so viel wie 112 ausgewachsene Elefanten.
- Von Flügelspitze zu Flügelspitze misst er 80 Meter (fast so lang wie ein Fußballplatz).
- In der Luft ist er ungefähr 900 km/h schnell.

Kerosin-Tanks in den Flügeln

853 Passagiere!

Woher weiß jeder Koffer, wohin er muss?

Gecheckt:

Wie alles, was du im Supermarkt bekommst, kriegt auch jeder Koffer am Flughafen einen Aufkleber mit einem speziellen Muster (dem schwarz-weißen, sogenannten „Barcode") versehen. Darauf steht, wo er hinmuss. Scanner lesen den Code und schicken den Koffer durch ein kompliziertes Förderband-Labyrinth. In München finden so jeden Tag mehr als 100.000 Koffer wieder zu ihren Besitzern. Aber vom Band ins Flugzeug oder vom Flugzeug aufs Band wuchten die Koffer immer noch Menschen. Ein Knochenjob am Flughafen!

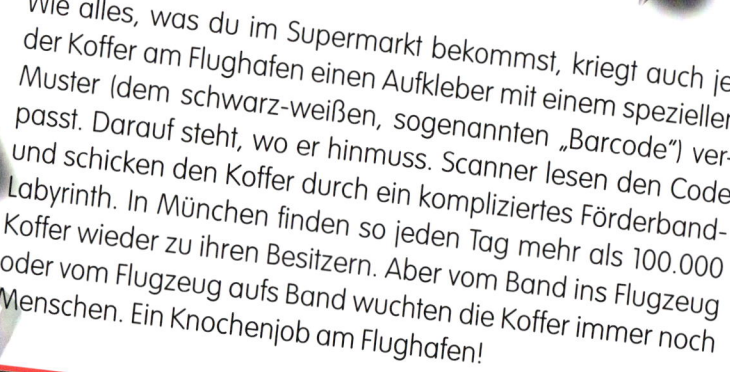

Über die ewig lange Gepäckförderanlage fahren die Koffer ins richtige Flugzeug oder zu ihren Besitzern. **Scanner** erkennen, welcher Koffer wo hinmuss.

Barcode

Redundante Systeme: Alle Anlagen, die fürs Fliegen gebraucht werden, sind mindestens zwei Mal vorhanden. Das nennt man „redundant": Wenn eins kaputtgeht, übernimmt sofort das zweite, ohne dass etwas passieren kann. Darum gibt's auch den Piloten und den Co-Piloten – zweifache Sicherheit!

Hauptinstrumente

doppelte Instrumente

redundantes System

Wozu brauchen Flugzeuge einen „Eisbären"?

A „Eisbär" ist der Spitzname für komplett weiße Flugzeuge.

B Damit werden im Winter die Flügel und Klappen am Flugzeug eisfrei gehalten.

C Eine große Fluggesellschaft hat einen Eisbären als Maskottchen.

Auflösung auf Seite 110

Warum fliegt ein Flugzeug?

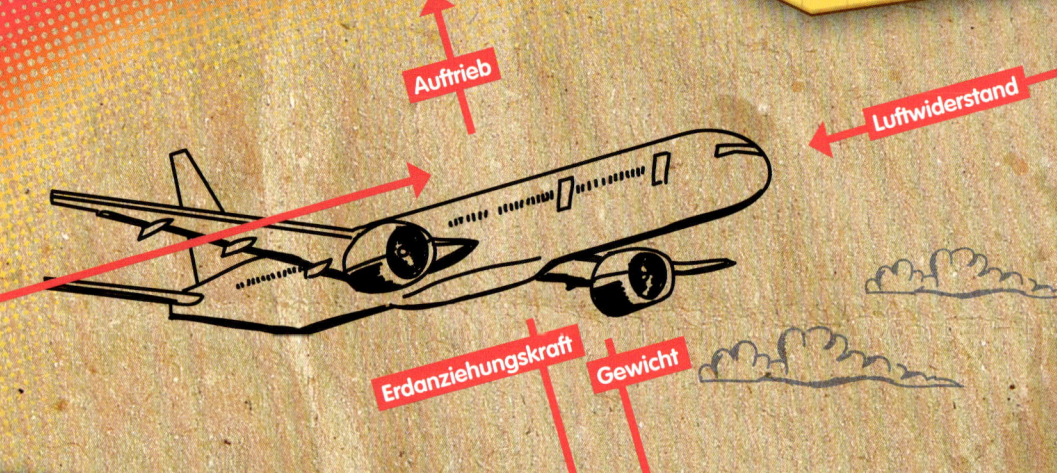

Auftrieb

Luftwiderstand

Schub

Erdanziehungskraft

Gewicht

Kräfte, die beim Fliegen eine Rolle spielen:

1. Gewicht und Erdanziehungskraft: Das zurzeit größte Passagierflugzeug der Welt, der Airbus A380, wiegt voll beladen bis zu 560.000 Kilogramm. So viel wie 80 dicke Elefanten.Erdanziehungskraft: Fällt dir etwas runter, fällt es nach unten, nicht nach oben. Daran ist die Erdanziehungskraft schuld. Durch sie wird alles von der Erde angezogen und man muss Kraft aufbringen, um beispielsweise zu hüpfen oder zu fliegen.

2. Luftwiderstand: Das Flugzeug ist so lang, dünn und leicht tropfenförmig, damit es möglichst aerodynamisch (siehe Seite 12) ist. Trotzdem steht der Luftwiderstand dem Blechvogel ziemlich im Weg und bremst von vorne.

3. Schub: Bis zu vier Triebwerke blasen mit Volldampf Luft nach hinten und schieben so das Flugzeug nach vorne.

4. Auftrieb: Nur wenn der Schub größer ist als Gewicht, Erdanziehungskraft und Luftwiderstand, kann Auftrieb entstehen. Erst dann hebt der Flieger ab.

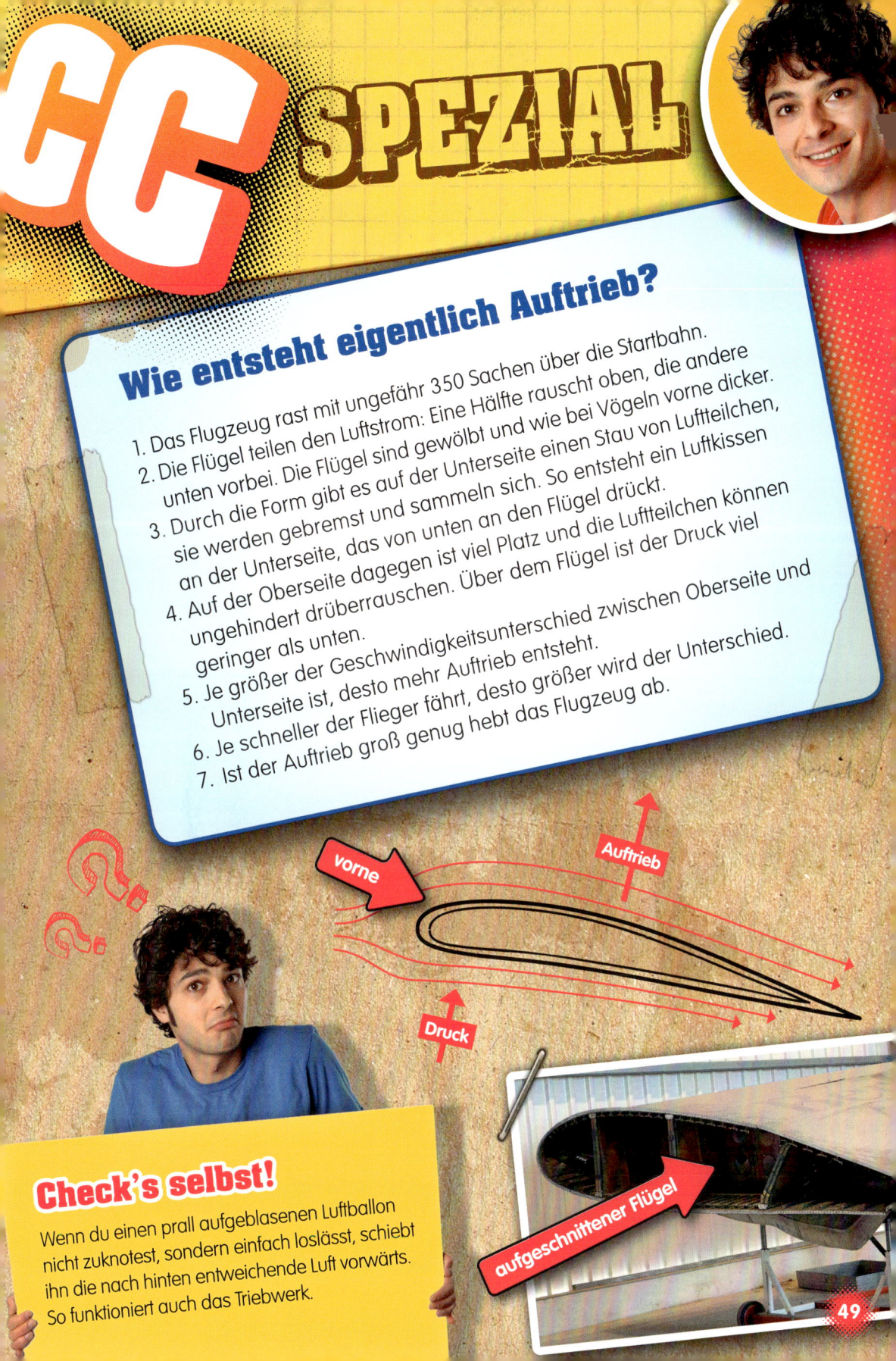

Wie entsteht eigentlich Auftrieb?

1. Das Flugzeug rast mit ungefähr 350 Sachen über die Startbahn.
2. Die Flügel teilen den Luftstrom: Eine Hälfte rauscht oben, die andere unten vorbei. Die Flügel sind gewölbt und wie bei Vögeln vorne dicker.
3. Durch die Form gibt es auf der Unterseite einen Stau von Luftteilchen, sie werden gebremst und sammeln sich. So entsteht ein Luftkissen an der Unterseite, das von unten an den Flügel drückt.
4. Auf der Oberseite dagegen ist viel Platz und die Luftteilchen können ungehindert drüberrauschen. Über dem Flügel ist der Druck viel geringer als unten.
5. Je größer der Geschwindigkeitsunterschied zwischen Oberseite und Unterseite ist, desto mehr Auftrieb entsteht.
6. Je schneller der Flieger fährt, desto größer wird der Unterschied.
7. Ist der Auftrieb groß genug hebt das Flugzeug ab.

vorne

Auftrieb

Druck

aufgeschnittener Flügel

Check's selbst!

Wenn du einen prall aufgeblasenen Luftballon nicht zuknotest, sondern einfach loslässt, schiebt ihn die nach hinten entweichende Luft vorwärts. So funktioniert auch das Triebwerk.

Warum schwimmt ein Schiff?

Das Geheimnis schwimmender Schiffe

Tonnenschwere Stahlschiffe, tonnenschwere Ladung und trotzdem: das Ganze schwimmt! Das Geheimnis: die **Form**.
Würde man den Stahl als Klumpen aufs Wasser setzen, ginge er unter wie ein Stein. Durch die bauchige Schiffsform aber drückt das Schiff enorme Wassermengen zur Seite – **es „verdrängt" Wasser** – mehr als es selbst mit Ladung wiegt. Man spricht dann vom **„Auftrieb"**: Etwas Schweres schwimmt, sobald es weniger wiegt als das verdrängte Wasser. Je höher also das Gewicht des Schiffes, desto länger und ausladender muss die Form sein, damit es schön viel Wasser verdrängt.

verdrängte Flüssigkeit

Gewicht

Auftrieb

Ente ins Wasser

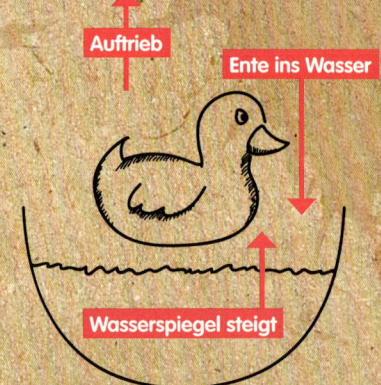

Wasserspiegel steigt

Check's selbst!

Das kannst du ganz leicht selbst checken: Nimm eine Glasschüssel voller Wasser und markiere die Wasseroberfläche außen an der Schüssel. Dann setze eine Quietscheente ins Wasser. Du siehst: Die Ente verdrängt Wasser. Der Wasserspiegel ist jetzt weiter oben.

Container = Gewicht

Tiefgang

Die Strecke von der Wasseroberfläche bis zum untersten Ende des Schiffs nennt man „**Tiefgang**". Je schwerer ein Schiff beladen ist, desto tiefer sinkt es ins Wasser ein. Containerschiffe können einige Meter Tiefgang haben.

FÜR OBERCHECKER!

An der Küste und im Hafen muss der Kapitän genau aufpassen, dass das Schiff mit seinem Tiefgang nicht auf Grund läuft. Deshalb gibt es die sogenannte „Fahrrinne". Das ist eine Rinne, die besonders tief ausgebaggert ist. Sie ist mit grünen und roten Bojen markiert, damit der Kapitän weiß, wo sie ist.

Check's noch mal selbst!

Die Form des Rumpfes macht's aus. Nimm noch mal deine Schüssel mit Wasser und zwei gleich große Stücke Alufolie. Knülle ein Stück zu einer festen Kugel zusammen (keine Luft drin) und forme aus dem zweiten Stück eine Art Schiffsrumpf (mit Luft drin). Setze beide aufs Wasser – welche Form schwimmt?

Der Fahrrad-Check

Mein cooles Checkerrad hast du bestimmt schon mal im Fernsehen gesehen. Wann immer ich kann, bin ich mit dem Fahrrad unterwegs. Radfahren ist umweltfreundlich, stinkt nicht, kostet kein Benzin und macht schlank, fit und glücklich! Check's selbst ...

Wer hat das Fahrrad erfunden?

Gecheckt:

Das erste echte Fahrrad mit Pedalen war das Hochrad mit riesigem Vorder- und sehr kleinem Hinterrad. Als Erfinder gilt der Engländer James Starley. Sein Rad hatte keine Bremsen, war extrem schwer zu fahren und zu lenken und für normale Menschen viel zu teuer. Vor etwa 100 Jahren kam dann die Kette ans Rad. So konnten beide Räder gleich klein werden (wie wir sie heute kennen). Die Fahrräder wurden leichter zu fahren und viel billiger.

Draisine

FÜR OBERCHECKER!

Vor knapp 200 Jahren kam der Deutsche Karl von Drais als Erster auf die Idee, zwei Räder mit einem Rahmen zu verbinden und sich draufzusetzen. Seine Laufmaschine oder „Draisine" war der Vorgänger des Fahrrads. Die Laufräder, mit denen kleine Kinder heute das Radfahren lernen, sehen fast genauso aus.

Faktencheck

Ein **Fahrrad** hat meistens zwei, manchmal drei Räder. Es wird mit Muskelkraft angetrieben. Hätte es einen Motor, wäre es ein Mofa, Moped oder Motorrad.

Es gibt auch **Elektrofahrräder**. Die haben einen kleinen Motor, der mithilft, falls dem Radler die Puste ausgeht.

In der Schweiz heißt das Fahrrad **„Velo"**. Das kommt vom französischen „vélocipède" – und das bedeutet „Schnellfuß".

Das Hochrad

kleines Hinterrad

großes Vorderrad

Profi Alexa

Beim Mountainbiken geht's rauf auf den Berg und rein ins Gelände. Profi Alexa hat's mir gezeigt: Bergab vor allem hinten bremsen, die Arme locker lassen als Federung und den Hintern hinter den Sattel, damit mehr Gewicht aufs Hinterrad drückt und du keinen Abflug über den Lenker machst.

Checkerbude

Genau geschaut: Wie repariert man einen platten Reifen?

**Mist! Kurz nicht aufgepasst und durch Scherben geradelt –
pfffft! Schon ist die Luft raus aus dem Reifen.
Aber kein Problem: Ein Loch ist schnell geflickt!**

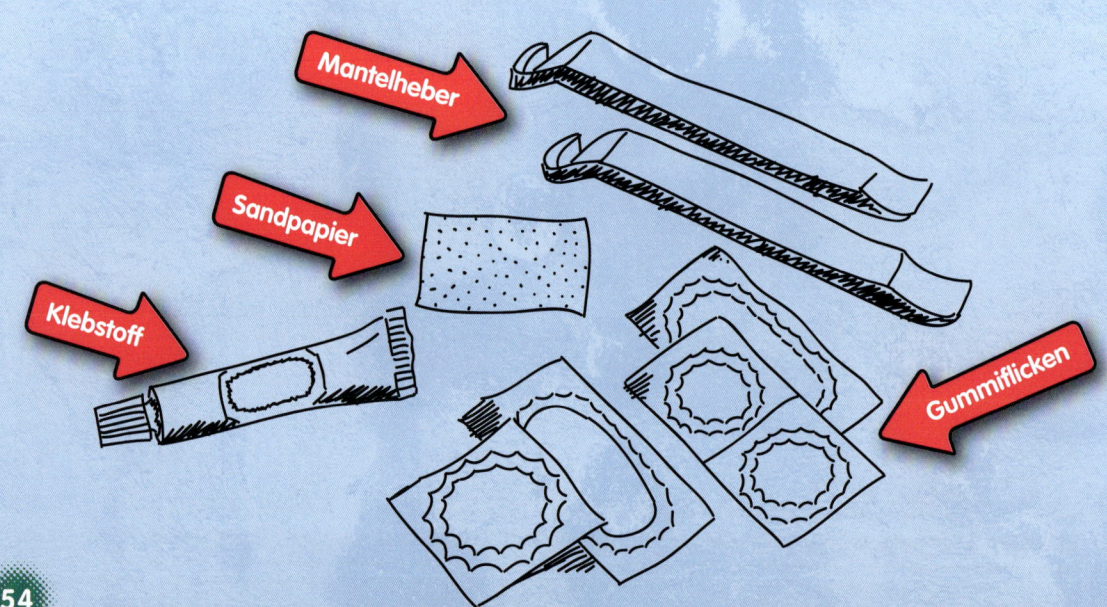

Mantelheber

Sandpapier

Klebstoff

Gummiflicken

SO MACHT'S DER CHECKER!

Radeln ist gerade in der Stadt ganz schön gefährlich. Darum halte ich mich an die wichtigsten Regeln, damit nix passiert.

- **Helm:** Ich hab immer einen auf. Bei einem Unfall rettet der Leben!
- **Handzeichen:** Ich zeige rechtzeitig mit dem Arm an, in welche Richtung ich will. Trotzdem schau ich doppelt, ob's auch alle gesehen haben.
- **Runter von der Straße:** Autos sind stärker. Darum fahr ich auf dem Radweg, wo es möglich ist. Bis zum Alter von zehn Jahren darfst du übrigens auf dem Gehweg fahren, wenn es keinen Radweg gibt.
- **Ampeln und Verkehrszeichen:** Für mich gelten die Verkehrsregeln genauso wie für Autos oder Laster.
- **Rechts vor links:** Wenn keine Verkehrszeichen da sind, hat immer der Vorfahrt, der von rechts kommt. Trotzdem schau ich lieber doppelt!

Helm ist cool

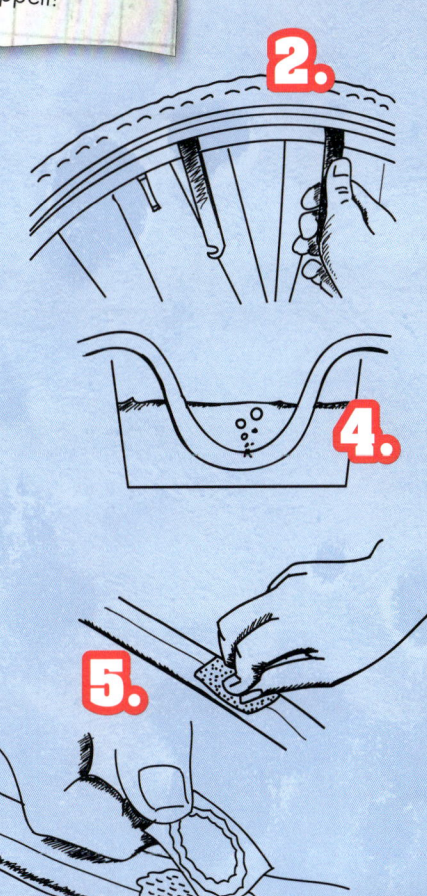

1. Das Rad abschrauben.

2. Mit einem „Mantelheber" aus Plastik vorsichtig (!) zwischen Felge und Mantel fahren und den Mantel über die Felge heben.

3. Den Schlauch aus dem Inneren herausfummeln.

4. Schlauch aufpumpen und unter Wasser suchen, wo das Loch ist (also wo Luftblasen herausblubbern).

5. Stelle markieren, mit Sandpapier aufrauen, Vulkanisationsflüssigkeit aus dem Reparaturset drauf, antrocknen lassen und Gummipflaster fest draufdrücken. So verbindet sich der Schlauch mit dem Pflaster und alles bleibt hinterher dicht und flexibel.

6. Unter Wasser checken, ob der Schlauch jetzt dicht hält.

7. Reparierten Schlauch wieder zurück in den Mantel, Reifen zurück ans Rad schrauben, aufpumpen, weiter geht's!

2.

4.

5.

Gecheckt:

Ritzel heißen die Zahnräder am Hinterrad. Wenn du an der Gangschaltung drehst, hebt das Schaltwerk die Kette hinten von einem Ritzel aufs andere. Wenn du die Ritzel am Hinterrad abzählst und mit der Zahl der Zahnräder vorne zwischen den Pedalen malnimmst, weißt du, wie viele Gänge dein Fahrrad hat.

Ritzel — Kette — Schaltwerk

Spezielle Fahrräder

Rikscha: Riesendreirad, das wie ein Taxi Passagiere mitnehmen kann. Braucht aber kein Benzin.

Wie funktioniert eine Gang-schaltung?

Gecheckt:

Je mehr Gänge, desto feiner kannst du die Kraft, die du brauchst, an das Gelände anpassen.

Ist das Ritzel hinten genauso groß wie das Zahnrad vorne, entspricht eine Umdrehung mit dem Pedal genau einer Umdrehung des Hinterrads.

Kleines Ritzel hinten bedeutet: Eine Pedalumdrehung dreht das Hinterrad etwa zweieinhalb Mal. Du kommst also schneller vorwärts, musst aber auch schwerer treten (gut zum Beispiel bergab).

Großes Ritzel hinten: Für eine Umdrehung des Hinterrads kurbelst du öfter. Das macht das Fahren bergauf nicht so anstrengend, du kommst aber auch nicht so schnell vorwärts.

Rennrad: Extrem dünne Reifen sorgen für hohe Geschwindigkeiten auf der Straße.

Einrad: Ist schwer zu fahren macht aber Spaß! Manchmal sieht man Künstler, Clowns und Zirkusartisten damit Kunststücke machen.

Was macht eine
Dampflok
in einer Fabrik?

Der Motor der Fabrik

Was sie vor der Fabrik macht, ist klar, oder? Züge holen oft Waren ab, die in der Fabrik produziert wurden und bringen sie dahin, wo sie verkauft werden. In der Fabrik selbst sind natürlich keine Züge unterwegs, aber viele Maschinen in der Fabrik funktionieren mit derselben Technik, mit der auch die Dampflok fährt: mit der **Dampfmaschine**.
In einer Dampfmaschine wird etwas verbrannt. Durch die Hitze wird Wasser zu Dampf und der bewegt die Räder des Zuges – oder eben Maschinen in einer Fabrik.

Wasserbehälter

Kohle verbrennt

heißer Rauch erhitzt Wasser

Warum ist die Dampfmaschine so wichtig?

Die Dampfmaschine war eine bahnbrechende Erfindung. Die ersten vernünftigen Dampfmaschinen kamen vor 300 Jahren auf. Zum ersten Mal konnten von einer Maschine **Fahrzeuge oder andere Maschinen angetrieben** werden, ohne dass es ein Windrad oder einen Fluss mit Schaufelrad brauchte. Das war wichtig zum Beispiel für Bergwerke oder die Entstehung von Fabriken. Mit Maschinen lässt sich vieles **schneller und einfacher** erledigen als durch Menschen. Außerdem konnte man die Dampfmaschine mit Rädern ausstatten und die Energiequelle einfach mitnehmen.

Weil durch die Erfindung der Dampfmaschine plötzlich viele neue Fabriken entstanden, also immer mehr Industrie, heißt diese Zeit auch „**Industrialisierung**".

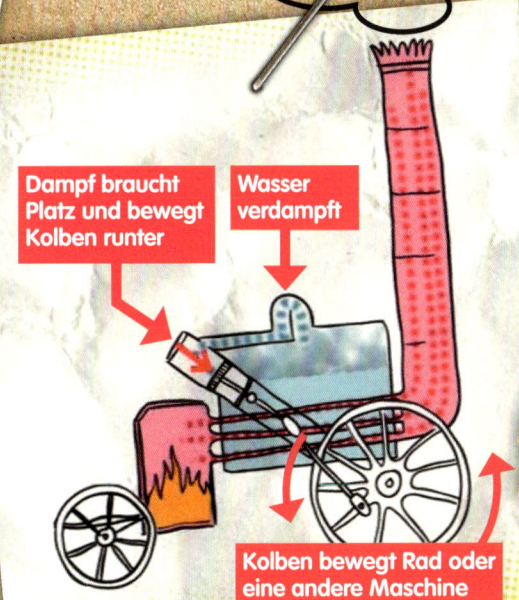

Dampf braucht Platz und bewegt Kolben runter

Wasser verdampft

Kolben bewegt Rad oder eine andere Maschine

FÜR OBERCHECKER!

Heute brauchen Maschinen keine eigenen Dampfmaschinen mehr, sondern sie funktionieren mit Strom oder Benzin.

Dampfmaschinen spielten aber lange eine große Rolle. Bis etwa 1940 waren Dampfmaschinen in Loks und Fabriken im Einsatz. Und auch heute nutzt man bei der Stromerzeugung das Prinzip der Dampfmaschine: Dampf treibt einen Generator an (wie genau, steht auf Seite 106).

Der Erneuerbare-Energien-Check

Ohne elektrischen Strom läuft fast nichts: der Fernseher nicht, der Herd nicht, Kühlschrank und Radio auch nicht. Und dunkel wäre es auch. Aber Strom ist nicht gleich Strom. Verschiedene Arten, Strom zu erzeugen, habe ich im „Energiedorf" Wilpoldsried im Allgäu ausgecheckt.

Rotorblätter

Generator

meist höher als 100 Meter (zehn Wohnhäuser übereinander)

Windräder heißen eigentlich **Windkraftanlagen**. Wenn mehrere beisammenstehen, nennt man das **Windparks**. Ein großes Windrad kann 1.000 Familien mit Strom versorgen, wenn der Wind richtig bläst.

Faktencheck

Energie umgibt uns überall und ständig und kommt in verschiedenen Formen vor – zum Beispiel als Sonnenenergie, Wärmeenergie, Bewegungsenergie oder elektrische Energie.

Erneuerbare Energiequellen sind solche, die nie versiegen und die sich immer nutzen lassen, um zum Beispiel elektrischen Strom zu erzeugen. Dazu gehören: Sonne, Wasser, Wind und Kuhmist.

Fossile Energiequellen sind diejenigen, aus denen sich auch Strom erzeugen lässt, die aber nicht mehr neu entstehen und irgendwann aufgebraucht sind. Zum Beispiel Erdöl, Erdgas und Kohle.

Wie wird aus Wind Strom?

Gecheckt:

Fast wie im Fahrraddynamo: Auch oben im Windrad steckt ein Stromgenerator. Der Wind bläst und treibt die Rotorblätter an. Die Drehung bewegt im Inneren des Windrads einen Magneten. Der dreht sich an einer Spule aus aufgewickeltem Kupferdraht vorbei. Draht + Magnetfeld + Bewegung erzeugt Strom.

Wie wird Wasser zu Strom?

Gecheckt:

Mithilfe von Wasserkraftwerken. Davon gibt es verschiedene Arten: welche **am Fluss** („Laufwasserkraftwerke"), welche **mit Stauseen** („Speicherkraftwerke") und welche **am Meer** („Gezeitenkraftwerke").

Allen gemeinsam ist, dass das Wasser durch Rohre geleitet wird und auf die Schaufelräder der Turbine trifft. Das Wasser bewegt das Schaufelrad, wodurch der Generator angetrieben wird. Der erzeugt Strom (wie genau, erfährst du auf Seite 106). Danach wird das Wasser zurück in den Fluss geleitet.

Stausee

Maschinenhaus

SO MACHT'S DER CHECKER!

Strom ist kostbar und teuer – darum spare ich ab sofort Strom, so viel ich kann. Zum Beispiel so:

- **Aus statt Stand-by:** Das Lämpchen am Fernseher oder Radio heißt: Gerät döst und wartet auf den nächsten Einsatz. Und braucht Strom. Deshalb schalte ich Geräte ganz aus, zum Beispiel durch eine Mehrfachsteckdose mit Ausschalter.
- **Auto stehenlassen:** Autos fahren meist mit Benzin. Das wird aus Erdöl hergestellt. Außerdem verpestet das Auto die Luft mit Abgasen. Ohne Auto geht's oft genauso: zu Fuß oder mit dem Fahrrad!
- **Heizung runter:** Klar mag ichs kuschlig warm. Aber wenn ich übers Wochenende weg bin, dreh ich die Heizung ab.
- **Topf sucht Deckel:** Wenn ich heißes Wasser für Nudeln brauche, stell ich den Topf mit Deckel auf den Herd. Das spart Energie, weil nicht so viel Wärme in den Raum verdampft – und es gibt schneller Futter!

Checkerbude

Genau geschaut: Kann man aus Kuhkacke wirklich Energie machen?

Klingt verrückt, ist aber ganz einfach:

1. Kuhmist kommt in große, luftdicht verschlossene Hallen, in denen's dann ganz schön stinkt.

2. Darin sind winzige Lebewesen (Bakterien), die die Kuhkacke fressen.

3. Dabei erzeugen sie das Gas Methan, das auch Biogas heißt.

4. Das Biogas wird in einem Kraftwerk verbrannt, dabei wird Wasser zu Wasserdampf.

5. Der Dampf treibt ein Schaufelrad (Turbine) und einen Generator an.

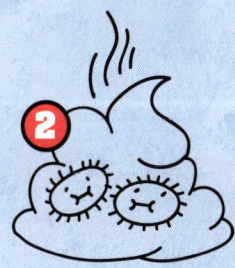

6. Die Wärme vom Verbrennen kann man auch gleich über Rohre in Wohnhäuser leiten und als Heizung benutzen. Macht schön warm, stinkt aber natürlich nicht!

7. Der Rest vom Kuhmist aus der Biogasanlage kommt als Dünger aufs Feld.

FÜR OBERCHECKER!

Autos brauchen Benzin, das aus Erdöl gemacht wird. Das ist irgendwann alle. Deshalb gibt es Autos, die mit Energie aus anderen Quellen fahren: zum Beispiel Elektroautos. Der Motor ist flüsterleise, sie stinken nicht und fahren zum Tanken an die nächste Steckdose. Vielleicht fahren wir in Zukunft alle mit Strom? Oder mit Sonnenenergie?

Was ist eine Solarzelle?

Gecheckt:

Eine Solarzelle ist ein dunkles Plättchen, das die Energie der Sonne in elektrischen Strom umwandeln kann. Die Zelle besteht zum größten Teil aus dem Material Silizium. Das besteht aus winzigen Teilchen, den sogenannten Atomen. Trifft Sonnenenergie auf die Solarzelle, löst sie aus den Atomen noch kleinere Teilchen heraus, die Elektronen. Diese Elektronen bewegen sich in der Solarzelle. So entsteht elektrischer Strom.

Solarzellen

Elektroauto

Wildpoldsried
Kreis Oberallgäu

energieffizienz
gemeinde

Mitglied im
Klima-Bündnis/
Alianza del Clima

FÜR OBERCHECKER!

Der bayerische Ort Wilpoldsried nennt sich „Energiedorf", weil er vier Mal so viel Strom aus Wind, Wasser, Sonne und Kuhmist erzeugt, wie seine Einwohner verbrauchen. Das schont die Umwelt durch weniger Abgase und der Nutzung erneuerbarer Energiequellen. Echt stark!

Wo ist das Problem mit der umweltfreundlichen Energie?

Gecheckt:

Klingt alles super. Aber es gibt eben nur Strom aus Wind, Wasser und Sonne, wenn das Wetter passt. Wir wollen aber immer und sofort Strom. Und: Man kann Strom nicht gut speichern (so riesige Akkus gibt's noch nicht). Deshalb wird in Deutschland zusätzlich noch Strom aus Atomenergie, Kohle und Erdgas gemacht. Und die meisten Autos fahren noch immer mit Erdöl beziehungsweise Benzin.

Woher kommt die Energie?

Erneuerbare Energiequellen: Kostenlos, immer da, aber schwer zu speichern

„Erneuerbar" ist eigentlich falsch, denn genau genommen erneuern sich **Sonne, Wind und Wasser** nicht. Sie versiegen nur nicht: Die Sonne scheint jeden Tag und Wind weht immer, mal stärker, mal schwächer. Nutzen wir diese natürlichen Quellen, brauchen wir uns um Nachschub keine Sorgen zu machen. Sie haben aber auch Nachteile. Zum Beispiel kann man den Strom nicht speichern – aber wir wollen ja gerade abends Licht haben, wenn die Sonne nicht scheint.

Vorteile
- Unbegrenzt und kostenlos aus der Natur!
- Bei der Stromgewinnung entstehen keine Abgase und kein Müll.
- Sonnenenergie kann man überall nutzen (zum Beispiel durch Solarzellen bei dir zu Hause auf dem Dach).

Nachteile
- Gewaltiger Energiebedarf: Alle Windräder, Solarzellen und Wasserkraftwerke zusammen reichen nicht, um den Bedarf zu decken.
- Strom lässt sich nicht so speichern, dass er zum Beispiel auch bei Nacht oder Regen reicht.
- Sonne ist manchmal hinter den Wolken, Wind weht zu wenig und Flüsse oder Seen gibt's nicht überall.

Wolken = wenig Strom

Sonnenkollektoren

Fossile Energiequellen: Power tief aus der Erde

„Fossil" heißt: versteinert. Zu den fossilen Energiequellen zählen **Erdöl, Erdgas, Stein- und Braunkohle**. Sie sind vor Millionen von Jahren aus abgestorbenen Pflanzen und Tieren entstanden, die von Schichten aus Schlamm, Steinen und Erde luftdicht bedeckt wurden. Der Druck wurde immer höher und die Temperatur stieg an. Dadurch wurden die Überreste der Lebewesen langsam zu Kohle. Auf ähnliche Weise entstand auch Erdgas. Vor allem im Meer entstand aus Algen und anderen Lebewesen Erdöl.

Vorteile
- tragen viel Energie in sich (aus wenig Öl oder Gas kann man viel Energie gewinnen)
- können gut gelagert werden (zum Beispiel in Öltanks)

Nachteile
- sind irgendwann aufgebraucht (wann genau, weiß niemand)
- beim Verbrennen entstehen giftige Stoffe (zum Beispiel Abgase)

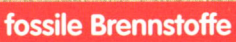

fossile Brennstoffe

Riesige Bagger oder Ölbohrinseln holen mit großem Aufwand die fossilen Brennstoffe wieder nach oben.

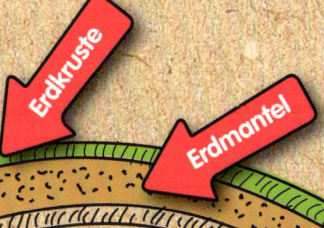

Erdkruste

Erdmantel

Erdschichten

Erdkern

Radioaktiv und sehr gefährlich: Atomenergie

In Atom- oder „Kernkraftwerken" wird Wasser verdampft und mit dem Dampf eine Turbine und ein Generator angetrieben. Dadurch wird Strom erzeugt (wie, erfährst du auf Seite 106).

Bei einem komplizierten Prozess, der sogenannten „Kernspaltung", wird das Wasser extrem erhitzt, damit große Dampfturbinen angetrieben werden können. Das Problem ist, dass dabei Radioaktivität frei wird. Die ist für uns Menschen sehr gefährlich.

Ein Atomkraftwerk ist aber sehr sicher gebaut und normalerweise kommt die radioaktive Strahlung nicht heraus.

Die großen **Kühltürme** eines Atomkraftwerks sieht man von weitem. Im runden Gebäude findet die **Kernspaltung** statt.

FÜR OBERCHECKER!

Übrigens: Wir brauchen Erdöl nicht nur zum Heizen oder Autofahren. Auch zur Herstellung von Plastik ist Erdöl nötig. Schau dich mal um, Unmengen an Plastik umgeben uns: Flaschen, Telefone, Fernseher ...

Checkerbude

Genau geschaut: So entsteht Atomenergie

Jeder Tisch, jeder Stift, alles besteht aus winzigen Teilchen, den sogenannten „Atomen". Die sind ganz natürlich und ungefährlich. Atome sind überall.

In Atomkraftwerken können aber nur spezielle Atome eingesetzt werden. Sie stammen aus bestimmten Stoffen. Diese sind „radioaktiv", dass heißt, sie senden sehr gefährliche Strahlen aus. Leider können aber nur radioaktiven Teilchen zum Stromerzeugen benutzt werden. Solange sie gut geschützt im Atomkraftwerk sind, passiert aber nichts.

Energie durch winzige Teilchen – wie geht das?

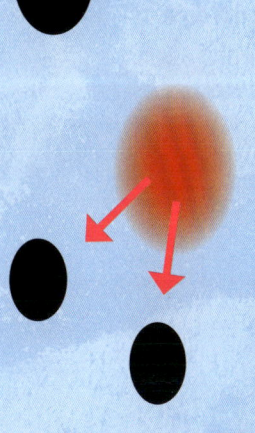

1. Im Atomkraftwerk werden Atome in noch winzigere Teilchen gespalten.

2. Die bewegen sich blitzschnell und spalten immer mehr andere Atome an. Und die spalten wieder Neue. Dadurch wird's ganz schön heiß.

3. Mit dieser Hitze lässt sich Wasser in Dampf verwandeln und der Dampf treibt eine Turbine an.

4. Die Turbine treibt den Generator an und der erzeugt Strom (wie ein Generator funktioniert, erfährst du auf Seite 106).

Vorteile:
- Atomkraftwerke erzeugen sehr, viel Energie.
- Es entstehen keine Abgase.

Nachteile
- Was bei der Energiegewinnung übrig bleibt, „strahlt" auch und niemand weiß, wohin mit dem radioaktiven Müll.
- Bei schlimmen Unfällen kann gefährliche radioaktive Strahlung frei werden.
- Die giftige Strahlung hört auch in vielen tausend Jahren nicht auf.

Der Skipisten-Check

Ich freu mich immer total, wenn der erste Schnee fällt und die Welt unter einer dicken weißen Decke liegt. Aber: Bisher war ich noch nie Ski fahren. Für den Skipisten-Check hab ich's endlich ausprobiert – und es hat riesig Laune gemacht!

Helm

Snowboard

Skifahren kann man zum Beispiel auf der Piste (**„Alpin"**), im Gelände (**„Freeriding"**), über Schanzen und Rampen (**„Freestyle"**), in der Ebene (**„Langlauf"**) oder über große Sprungschanzen (**„Skisprung"**).

Faktencheck

Skipiste: Schneebedeckter Berghang, der für den Wintersport präpariert, gesichert und freigegeben ist, damit nichts passieren kann.

Skifahren: Schon vor 4.500 Jahren soll es Menschen gegeben haben, die sich auf Brettern über den Schnee bewegt haben. Einfach weil's leichter geht. Erfunden wurde der Sport da, wo meistens viel Schnee liegt: in Norwegen und Schweden.

Skilift: Wer nicht gerade in der Ebene langläuft, fährt Ski bergab. Bergauf lassen sich die meisten Sportler von einem Lift helfen. Es gibt welche, die ziehen: Schlepplift oder Förderband, und welche die tragen: Seilbahn oder Sessellift – manche haben sogar eine Popoheizung.

Warum haben Skipisten Farben und Nummern?

Gecheckt:

Nummern haben die Pisten, damit die Sportler immer wissen, wo sie hinwollen (ähnlich wie Straßennamen). Die Farbe zeigt an, wie schwer eine Piste ist. Blau sind die einfachen Pisten für Anfänger und Familien, rote Pisten sind mittelschwer und schwarze nur für echte Experten geeignet.

blau = leichte Piste
rot = mittelschwere Piste
schwarz = schwere Piste nur für Profis

7a

Gecheckt:

Runterfallen können sie nicht. Keine Sorge. Aber sie werden langsamer, wenn sie in die Berg- oder Talstation fahren, damit die Passagiere leichter ein- und aussteigen können. Dafür werden die Kabinen vom dicken Stahlseil gehoben und über Rollen einmal im Kreis gefahren. Am Ende der Station wird die Kabine wieder ins Seil eingeklinkt und bleibt bis zur Bergstation fest damit verbunden.

Rolle zum Auskuppeln

Wird die Rolle runtergedrückt, hebt sich die Klemme

Rolle zur Fahrt in die Station

Klemme

Stahlseil

Bei der **Einfahrt in die Station** wird die Rolle nach unten gedrückt und hebt die Klemme vom Seil. In der Station fährt die Kabine auf Rollen.

FÜR OBERCHECKER!

Nachts parken übrigens alle Kabinen einer Seilbahn geschützt vor Wind und Wetter in einer großen Garage. Erst am Morgen dürfen sie wieder ans Seil und rauf auf den Berg.

Gondel

FÜR OBERCHECKER!

Achtung: Die Dinger, in denen du bei einer Seilbahn auf den Gipfel getragen wirst, sind Kabinen, keine Gondeln. Gondeln sind die lustigen Boote, die durch die Kanäle der italienischen Stadt Venedig gondeln. Manchmal singt der Gondelfahrer dazu, der heißt „Gondoliere".

Mehr als **1.600 Schlepplifte** und **170 Seilbahnen** gibt es in Deutschland.

Bergstation

Stahlseile

Kabine

Wichtiges Transportmittel in den Bergen:
Schon lange nutzen die Menschen Seilbahnen, um Lasten auf steile Berge zu bekommen.

Schmutzteilchen

Schneekristall

Wie entsteht Schnee?

Gecheckt:

Damit es schneit, muss die Luft sehr feucht und gleichzeitig kalt sein. In der Luft schwirren immer winzige Schmutz-, Staub- und Sandpartikel herum. An diesen Körnchen setzt sich dann Wasser fest. Und daran heften sich viele noch kleinere Wasserteilchen. So entsteht die typische Verästelung eines sechseckigen Schneekristalls.

Düsen

Schnee

Wasserschlauch

Wenn der Schnee nicht zum Skifahren reicht, helfen die Menschen mit einer Schneekanone nach. Die nutzt das Prinzip aus der Natur: Statt Schmutz bläst sie einen Wassertropfen in die Luft, an den sich winzige Wasserteilchen aus einer zweiten „Wassernebel-Düse" heften – und als Schneeflocken auf den Boden fallen.

SO MACHT'S DER CHECKER!

Mein erstes Mal auf Skiern hat richtig viel Spaß gemacht, ich komme sicher wieder in die Berge! Problem allerdings: Der Natur tun die vielen Skifahrer nicht gut. Andererseits arbeiten viele Menschen in den Restaurants, Liften, Sportgeschäften und Hotels in den Skigebieten. Deshalb macht's der Checker ab sofort so:

• Ich fahre mit dem Bus oder Zug ins Skigebiet. Ist sowieso lustiger.
• Ich fahre nur, wenn genügend Schnee liegt.
• Ich bleibe auf der Piste. Im Gelände ist es zu gefährlich – und man stört die Tiere beim Winterschlaf.
• Klar: Ich hab natürlich immer einen Helm auf und fahre nur so schnell, dass ich keine anderen Skifahrer in Gefahr bringe.

bis zu 60° Grad Steigung

Schaufel

Kette

Walze

Pistenraupen präparieren die Pisten über Nacht:

• **Schaufel:** Schiebt den Schnee dahin wo er gebraucht wird.
• **Walze und Planierschild:** Machen die Piste schön glatt.
• **Gewicht:** mehr als zehn Tonnen. Durch die 1,5 Meter breiten Ketten verteilt sich das und das Monstrum sinkt nicht ein und hat super Halt.

Höher, schneller, weiter!

Schnellster Windsurfer:
Antoine Albeau aus Frankreich
mit 96 Stundenkilometern.

96 km/h

Schnellster Skifahrer aller Zeiten:
252 Stundenkilometer

252 km/h

Antoine Albeau

Simone Origone

41 km/h

Lance Armstrong

**Höchste Durchschnittsgeschwin-
digkeit:** Bei der „Tour de France",
die als eines der schwierigsten
Fahrradrennen der Welt gilt, fuhr
der Amerikaner Lance Armstrong im
Jahr 2005 im Durchschnitt schneller
als 41 Stundenkilometer. Mittlerweile
ist aber klar, dass er das nicht aus
eigener Kraft geschafft, sondern
geschummelt hat.

„1080"= 3 Drehungen

Tom Schaar

Den ersten „1080" auf einem Skateboard schaffte der Kalifornier Tom Schaar im Jahr 2012. Das heißt, er hat sich in der Luft um 1080 Grad gedreht. Das sind drei volle Drehungen um die eigene Achse im Sprung.

Kjetil André Aamodt

Jüngster und ältester Goldmedaillengewinner bei den Olympischen Spielen: Der Norweger Kjetil André Aamodt gewann 1992 im Alter von 20 Jahren und 167 Tagen als jüngster Skirennläufer eine olympische Goldmedaille und 2006 im Alter von 34 Jahren und 169 Tagen als ältester. Er gehört zu den erfolgreichsten Skifahrern aller Zeiten.

Der Feuer-Check

Feuer nutzen zu können, ist eine der wichtigsten Entdeckungen überhaupt: Wir können unser Steak auf dem Feuer grillen, uns wärmen oder den Raum in gemütliches Kerzenlicht tauchen. Feuer ist aber zugleich eine der größten Gefahren für Tier und Mensch. Das habe ich bei einer der größten Feuerwehrübungen in Deutschland hautnah erlebt ...

Warum ist Feuer wichtig?

Gecheckt:

Seitdem die Menschen selber Feuer machen können, wurde es warm und hell in ihren Höhlen. Sie konnten wilde Tiere verjagen und Fleisch grillen. Ohne die Entdeckung des Feuermachens würde es uns vielleicht gar nicht mehr geben. Auf jeden Fall könnten und hätten wir viel von dem nicht, was heute selbstverständlich für uns ist: Herd, Heizung, Strom, Autos. Denn ohne Feuer keine Dampfmaschine und die wiederum ist die Basis für viele andere Erfindungen.

Faktencheck

Feuersbrunst: Schon vor 1,5 Millionen Jahren sollen die Menschen angefangen haben, das Feuer zu nutzen. Sie konnten es aber noch nicht selbst machen und mussten warten, bis es irgendwo brannte.

Feuerskunst: Seit rund 500.000 Jahren können die Menschen selbst gezielt Feuer machen. Ob Feuersteine, Streichhölzer oder Feuerzeuge: bahnbrechende Erfindungen!

Schutz vor Feuer: Ungefähr 1,3 Millionen Menschen helfen in Deutschland bei den Feuerwehren mit, außer Kontrolle geratenes Feuer zu bekämpfen.

Glas

ohne Sauerstoff

mit Sauerstoff

Check's selbst!

Ohne Sauerstoff geht Feuer aus. Probier es aus: Nimm ein brennendes Teelicht und stülpe ein Glas verkehrt herum darüber. Dadurch gelangt kein frischer Sauerstoff zur Flamme. Sobald der Sauerstoff im Inneren des Glases durch die Flamme verbraucht ist, geht sie einfach aus. Das nutzt auch die Feuerwehr: Manche Brände erstickt sie mit Löschschaum statt mit Wasser.

Gewaltiger Fortschritt: Durch Feuer wurde es hell und warm in den Höhlen. Außerdem konnte Nahrung anders zubereitet werden.

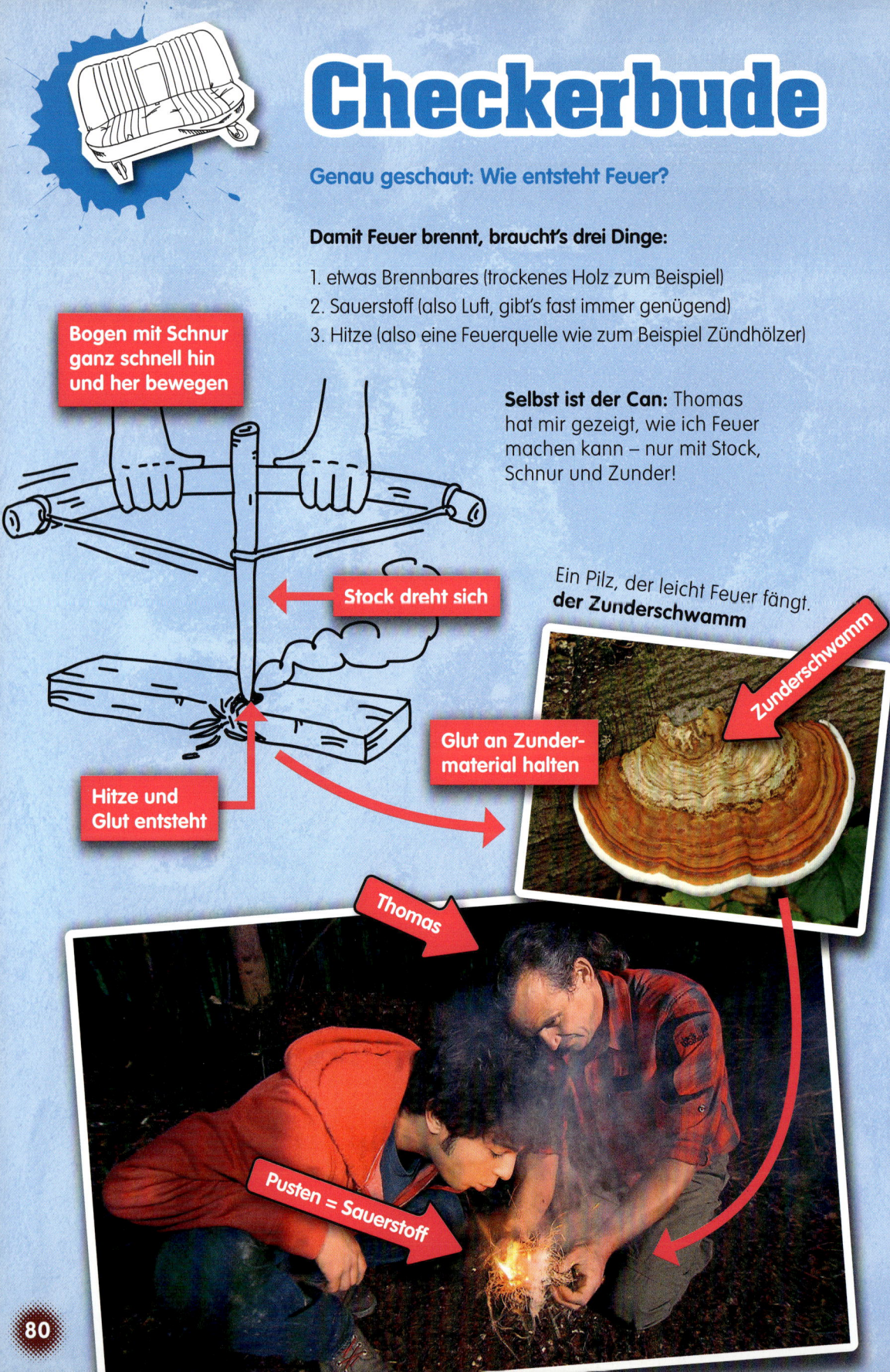

Checkerbude

Genau geschaut: Wie entsteht Feuer?

Damit Feuer brennt, braucht's drei Dinge:

1. etwas Brennbares (trockenes Holz zum Beispiel)
2. Sauerstoff (also Luft, gibt's fast immer genügend)
3. Hitze (also eine Feuerquelle wie zum Beispiel Zündhölzer)

Bogen mit Schnur ganz schnell hin und her bewegen

Selbst ist der Can: Thomas hat mir gezeigt, wie ich Feuer machen kann – nur mit Stock, Schnur und Zunder!

Stock dreht sich

Ein Pilz, der leicht Feuer fängt.
der Zunderschwamm

Zunderschwamm

Glut an Zunder- material halten

Hitze und Glut entsteht

Thomas

Pusten = Sauerstoff

Was macht Feuer so nützlich?

Gecheckt:

Feuer ist hell und warm, klar. Aber mit Hitze lässt sich zum Beispiel Wasserdampf erzeugen, der eine Turbine oder Dampflok antreibt. Erst durch Feuer kann aus Quarzsand, Soda und Kalk bei mehr als 1000 Grad Hitze Glas entstehen. Aus Kohlenstoff und Eisen entsteht bei großer Hitze Stahl, der wichtigste Baustoff zum Beispiel für große Maschinen, Eisenbahnen und Hochhäuser.

Kalk

Soda

Quarzsand

1.500 Grad

Helm

Gasmaske

Sauerstoffflasche

feuerfeste Kleidung

Checker Can meldet sich zum Dienst: Mit Feuerfesten Schuhen, Hose und Jacke. Durch kleine Kügelchen im Stoff entsteht ein Luftpolster, das die Hitze länger abhält. Dazu kommen feuerfeste Mütze, Helm und Handschuhe. Außerdem oft im Einsatz: Gasmaske und Sauerstoffflasche gegen giftigen Rauch.

FÜR OBERCHECKER!

Hitze und giftiger Rauch steigen immer nach oben, deshalb bewegen sich die Feuerwehrleute bei einem Einsatz eher nah am Boden. Da sind Sicht und Luft im Zweifel deutlich besser als weiter oben. Bei einem Brand ist es nicht nur gefährlich, selbst Feuer zu fangen, sondern auch am giftigen Rauch zu ersticken.

Zerstörerische Kraft des Feuers: Damit Feuerwehrleute für den Ernstfall vorbereitet sind, lernen sie in einer sogenannten „Brandübungsanlage", wie sie später mit echten Bränden umgehen müssen. Übung macht den Brandmeister!

Check's selbst!

Verrückt, was es ohne Feuer alles nicht gäbe oder du nicht machen könntest! Autos oder Flugzeuge funktionieren zum Beispiel, weil Treibstoff verbrannt wird, Fußbälle, Bücher, Kleidung – um das herzustellen, braucht man Energie. Aber: Ohne heißen Dampf könnten Turbinen keine Energie erzeugen (siehe Seite 58), es gäbe keine großen Maschinen, keine Fabriken.

Gecheckt:

Sieht so aus, ist aber kein Feuer. Vulkane sprudeln manchmal „Magma" an die Erdoberfläche. Magma ist glühend heißes, langsam und zäh fließendes Gestein aus dem Inneren der Erde. Ganz tief im Erdkern ist es bis zu 5.000 Grad heiß. Magma kommt aus den mittleren Schichten des Erdballs. Wird flüssiges Magma an der Erdoberfläche kalt, erstarrt es und es können so neue Inseln oder Berge entstehen.

Lava

Anak Krakatau in Indonesien ist eine neuentstandene Vulkaninsel, die erst 80 Jahre alt ist

Aus aller Welt

Slacklining

Stuttgarter Erfolgsgeschichte: Erst 10 Jahre alt und schon Dauergast in vielen Parks: die Gibbon-Slackline. Auf dem wackeligen Band lassen sich mit viel Übung beeindruckende Tricks machen. Es gibt sogar eine Weltmeisterschaft!

Riesen-Fabrik

Im Ort Everett in den USA steht die **weltgrößte Fabrik**: Auf **400.000 m²** baut die Firma Boeing hier Flugzeuge. 30.000 Angestellte arbeiten dort.

Schmaler Pfad

Die Stadt Guiyu in China ist für einen Negativrekord bekannt: Sie hat die **weltgrößte Recyclinganlage** für Elektroschrott aus aller Welt. Der Preis ist hoch: Der Boden ist mit giftigen Schwermetallen und Säuren verseucht.

Elektro-Schrott-Berge

Auf dem „Camino de la meuerte" (Weg des Todes) sterben jedes Jahr Menschen: Der schlammige, einspurige Weg hat keine Leitplanken, aber auf einer Seite eine tiefe Schlucht. **4.700 m runter** geht's an der tiefsten Stelle.

Menschenähnlicher Roboter

Der Roboter „ASIMO" kann laufen wie ein echter Mensch – und schafft dabei immerhin neun Stundenkilometer. Das schafft ein Mensch ungefähr beim Joggen.

Der Bergwacht-Check

Ich wünsche dir, dass du das alles, was ich für den Bergwacht-Check ausprobiert habe, nie brauchst: Ich wurde vom Rettungshund Janosch unter einer Lawine entdeckt, aus einer kaputten Seilbahn befreit und mit dem Hubschrauber abgeseilt. Falls in den Bergen doch mal was passiert: Keine Sorge, die Jungs und Mädels von der Bergwacht wissen echt, was sie tun!

Die Bergwacht rettet Leben: Menschen, die zum Beispiel beim Wandern, Klettern oder Skifahren in Not geraten sind, wird von der Bergwacht geholfen. Oft ist das Gelände nicht mit dem Rettungswagen zu erreichen, dann kommt Hilfe per Hubschrauber.

Personenrettung

BERGWACHT

Faktencheck

Die **Bergwacht hilft Menschen**, die in unwegsamem Gelände in Schwierigkeiten geraten sind. Das können Berge, Pisten und Felswände sein, aber auch Höhlen, Flüsse, Seilbahnen oder Kirchtürme.

Gut **4.500 Frauen und Männer**, sowie jede Menge Hunde, sind als Bergretter ehrenamtlich für die Bergwacht im Einsatz. Das heißt: Sie verdienen damit kein Geld.

Allein in Bayern hat die Bergwacht im Jahr **rund 12.000 Einsätze**. Für die meisten müssen die Retter gut klettern und Ski fahren können. Damit die Rettung im Notfall schnell geht, trainiert die Bergwacht häufig.

Wie seilt man jemanden aus einem Hubschrauber ab?

Gecheckt:

In steilem Gelände wie einer Felswand kommt die schnellste Hilfe oft von oben: per Hubschrauber. Der Retter von der Bergwacht und manchmal auch der Rettungshund werden über eine Seilwinde zum Verunglückten abgeseilt. Mit einer Trage oder einer „Rettungswindel" gelangt der Gerettete dann nach oben in den Heli und ab ins nächste Krankenhaus.

Vom Hubschrauber abgeseilt

Was passiert, wenn die Seilbahn streikt?

Gecheckt:

Gefangen in der Seilbahn: Horror! Aber das kann dank moderner Technik so gut wie nie passieren. Falls doch: Ruhig bleiben und auf keinen Fall abspringen! Die Jungs und Mädels von der Bergwacht sind wahrscheinlich schon unterwegs. Sie wissen genau, wie sie alle Passagiere sicher auf den Boden kriegen. Notfalls per Hubschrauber.

FÜR OBERCHECKER!

Die Bergwacht hat viele verschiedene technische Hilfsmittel, um Menschen in Not zu helfen. Kommt immer drauf an, wo etwas und was dem Verletzten passiert ist. Die Bergretter selbst müssen natürlich schwindelfrei und sehr gute Bergsteiger und Skifahrer sein.

Mit einem „Rammbär" testen die Schnee-Spezialisten, wie die Schneedecke aufgebaut ist und ob zwischendrin Schichten sind, die eine Lawine auslösen könnten. Im Zweifel werden Pisten gesperrt und manchmal wird sogar kontrolliert gesprengt.

Rammbär

Maßstab mit Skala

dichter Feuchtschnee

lockerer Pulverschnee

harte Eisschicht

salziger Nassschnee

Gecheckt:

Eine Lawine ist eine riesige Menge Schnee, die am Hang ins Rutschen kommt und auf dem Weg ins Tal alles mitreißt. Sie kann spontan von selbst abgehen oder von Skifahrern ausgelöst werden. Kommt auf Wetter, Neigung des Hangs und Aufbau der Schneedecke an. Wenn es oft geschneit, gefroren, getaut, geregnet und wieder gefroren hat, ist die Gefahr groß. Dann haben sich die einzelnen Schneeschichten nicht richtig verbunden und das Gewicht der Schneedecke kann zu groß werden.

Lawinenschnee wird hart wie Beton

Wettlauf mit der Zeit: Die Chance, eine Lawine zu überleben, ist in den ersten 18 Minuten sehr gut. Danach steigt die Gefahr zu ersticken sehr schnell.

• **Oben bleiben:** Je weiter unten der Verschüttete liegt, desto schwerer wiegt der Schnee auf seinem Körper – und das Atmen klappt auch nicht.

• **Rufen bringt nichts:** Man hört's oben nicht und der Sauerstoff ist zu kostbar.

• **Davonfahren zwecklos:** die Lawine ist schneller.

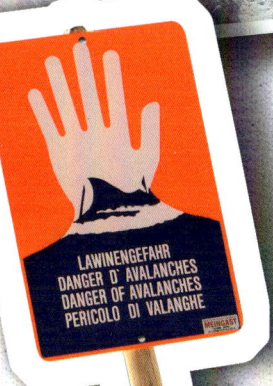

Neun von zehn Lawinen lösen die Verschütteten selber aus, weil sie abseits der Piste fahren.

Suchgerät für Verschüttete

Wie rettet die Bergwacht jemanden aus einer Lawine?

Gecheckt:

Auf jeden Fall möglichst schnell! Gute Sucher sind Hunde – sie riechen bis zu 50-mal besser als wir Menschen, auch unter meterdickem Schnee. Sollte aber kein Hund dabei sein, nutzt die Bergwacht Suchgeräte, die den Verschütteten orten können – aber nur, wenn der auch einen Sender dabeihat. So grenzen sie das Gebiet ein und versuchen, das Lawinenopfer dann mit langen Stäben, den sogenannten Sonden, zu finden. Dann wird gegraben.

FÜR OBERCHECKER!

Hunde „sehen" ihre Welt durch die Nasenlöcher. Die Hundenase ist feucht, damit sie mehr Geruchsnachrichten empfangen kann. Die Hundenase hat rund 200 Millionen Riechzellen, wir Menschen gerade mal fünf Millionen. Hunde haben mit dem „Jacobson'schen Organ" sogar ein spezielles Riechorgan, das uns fehlt. Außerdem kann der Fiffi sich Gerüche viel besser merken, weil der Teil von seinem Gehirn, der dafür zuständig ist, etwa zehn Mal so groß ist wie bei uns. Wau!

200 Millionen Riechzellen

Ein Akja ist ein Rettungsschlitten, mit dem die Retter von der Bergwacht Verletzte ins Tal bringen. Er besteht aus einer Blechwanne mit Polsterung, in der der Patient dick eingepackt liegt, und je zwei Haltegriffen vorne und hinten. Für den Sommer gibt's auch noch die Gebirgstrage, an die unten ein großes Rad montiert werden kann.

Was ist ein Akja?

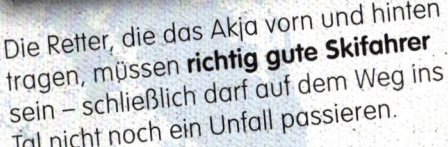

Die Retter, die das Akja vorn und hinten tragen, müssen **richtig gute Skifahrer** sein – schließlich darf auf dem Weg ins Tal nicht noch ein Unfall passieren.

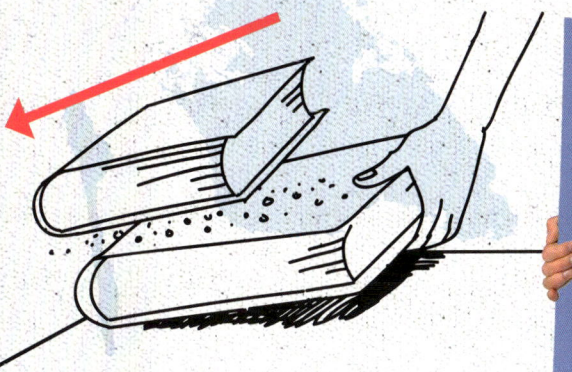

Check's selbst!

Schau mal, wie schnell eine Lawine losgehen kann: Lege zwei Bücher übereinander und streue Zucker oder Salz dazwischen. Das wirkt so, als ob zwei Schneeschichten nur locker miteinander verbunden wären, weil es zum Beispiel zwischendurch getaut hat. Halte das untere Buch immer schräger. Bald geht die Buchlawine ab ...

Der Schlitten-Check

Aus der Bahn, Zitronencheckermann! Bahn frei, denn mit dem Checker geht's jetzt bergab – und zwar in einem Affenzahn auf dem neuen und selbst gebauten Checker-Schlitten. Hier kommt der frostig frische, schneeweiße und rutschfidele Schlitten-Check.

1.

2.

140 km/h

Faktencheck

Fahrzeuge mit **Kufen** heißen Schlitten (kommt wahrscheinlich vom Wort „schlittern", also rutschen).

Die ersten Schlitten sind mehr als **5.000 Jahre alt**. Damals war noch nicht einmal das Rad erfunden. Schlitten gelten als die **ältesten Transportmittel** der Welt.

Schlitten waren eigentlich **Transportfahrzeuge für Menschen und Dinge**. Sie wurden von Pferden, Ochsen oder Hunden gezogen – oder fuhren bergab selbst.

Heute sind Schlitten vor allem **Sport-, Spiel- und Spaßgeräte** für den Winter.

Schlittenfahren mal anders:

1 Sportler rasen einzeln auf einem **Rodel** den Eiskanal runter. Das Wort kommt von „rotteln" = „schütteln".

2 Auf dem **Skeleton** rasen Sportler mit bis zu 140 Stundenkilometern kopfüber die eisige Bobbahn runter.

3 Ganz anders als ein normaler Schlitten sieht der **Rennbob** aus, in dem zwei oder vier Bobfahrer sitzen. Bob kommt aus dem Englischen und heißt „ruckartig bewegen".

3.

Wie bekommt der Schlitten Hörner?

Schlitten wurden ursprünglich nicht zum Rodeln benutzt, sondern um schwere Lasten zu bewegen. Sie sind deutlich älter als Kutschen mit Rädern. Und nicht nur im Schnee lassen sie sich ziehen: Die alten Ägypter gelten als wahre Meister im Schlittenbau!

Gecheckt:

Hörner sind die gebogenen Teile vorn am Holzschlitten. Normale Hörnerschlitten sind meistens aus Eschenholz. Das ist elastisch und federt gut. Der Schlittenbauer sägt das Holz zurecht. Trick: Sehr dünne Bretter lassen sich leicht biegen. Sie werden mit Leim zusammengeklebt und sofort – bevor der Leim trocken ist – in der sogenannten Hörnerpresse in Form gebogen.

Bauer bringt Heu ins Tal

Hörner

Ältestes Transportmittel

Check's selbst!

Einzelne dünne Bretter lassen sich leichter biegen? Probier's selbst: Besorge dir aus der Küche Schaschlik-Spieße. Ein einzelner lässt sich super biegen (Vorsicht, dass er nicht bricht!). Aber was passiert, wenn du eine ganze Hand voll gleichzeitig nimmst? Das wäre, als wollte der Schlittenbauer dicke Bretter biegen.

In der Herstellung von Hörnerschlitten aus Eschenholz steckt viel Handarbeit. Schlittenbauer Robert hat mir gezeigt, wie's geht.

Aus einem Baum können sechs Schlitten gebaut werden

Ganz dünne Bretter aus Eschenholz lassen sich leicht biegen. Damit's stabil wird, werden mehrere verklebt („verleimt").

Wie lenkt man einen Schlitten?

Gecheckt:

Die einfachste Methode: Fuß in den Schnee! Wenn du rechts den Fuß in den Schnee rammst, bremst du die rechte Seite. Die linke Kufe „überholt" die rechte und du fährst nach rechts. Für die Linkskurve? Klar, linker Fuß in den Schnee.

Bremsen: Beide Füße runter. Vollbremsung: Schlitten vorne nach oben reißen, dann bohrt sich das Heck in den Schnee. Notbremsung? Bevor's kracht und wehtut: vom Schlitten fallen lassen und abrollen. Aufpassen, dass der Schlitten nicht ohne dich Schaden anrichtet!

Checkerbude

Genau geschaut: Warum schlittert der Schlitten?

Ob etwas rutscht, hängt von den Oberflächen ab. Je glatter, desto leichter rutscht es über eine andere glatte Oberfläche.

Problem: Vergrößert man die Holzkufe eines Schlittens, ist sie gar nicht wirklich glatt. Unter dem Mikroskop gleicht sie einer Hügellandschaft. Treffen zwei Hügellandschaften aufeinander, verhaken sie sich – so, als würde man zwei Käsereiben aneinanderreiben. Je rauer die beiden Oberflächen, desto mehr Reibung.

Kufen aus Metall sind wesentlich glatter als Holzkufen. Sie haben weniger Reibung auf dem Schnee und rutschen deshalb besser!

Metallkufen

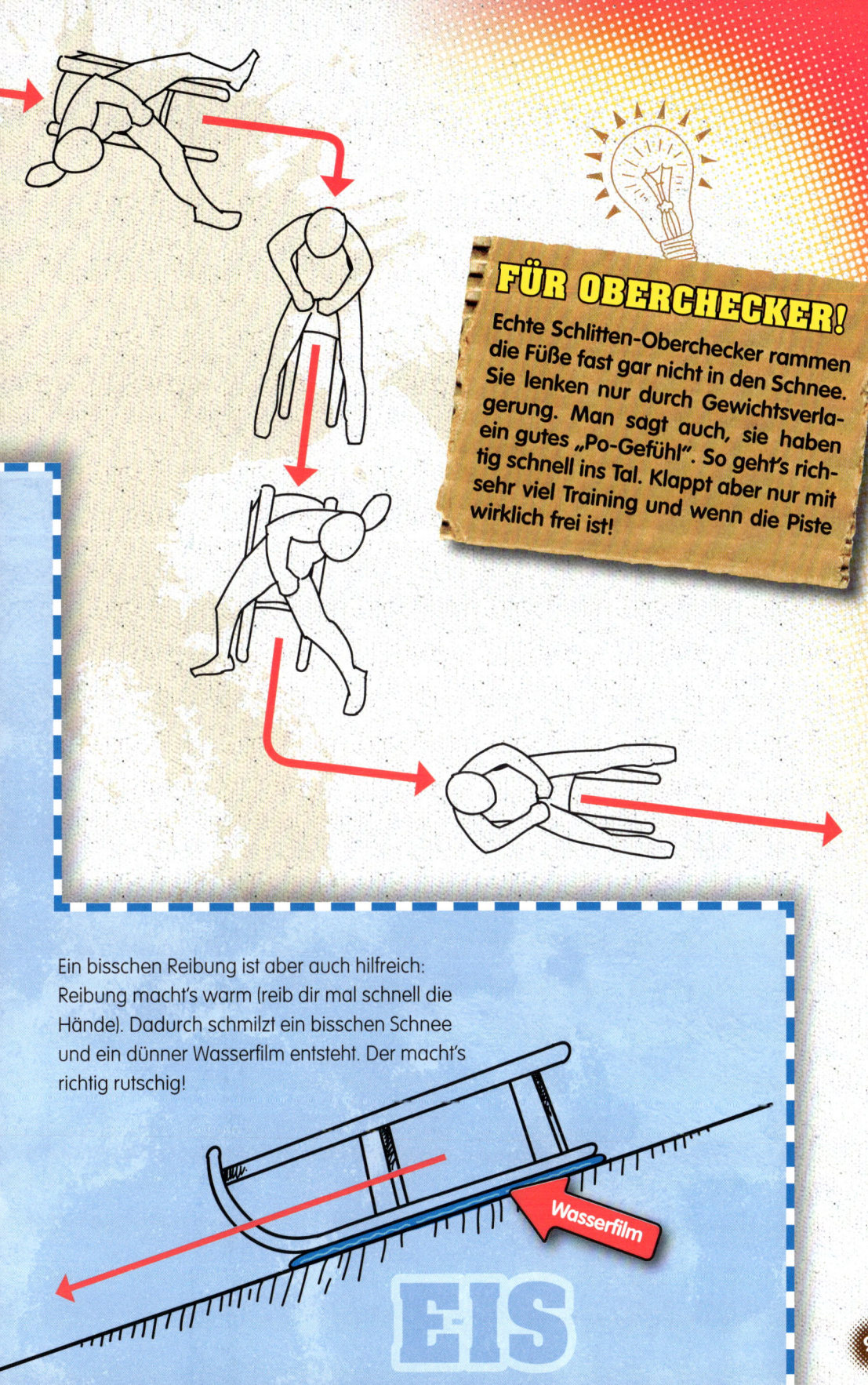

Ein bisschen Reibung ist aber auch hilfreich: Reibung macht's warm (reib dir mal schnell die Hände). Dadurch schmilzt ein bisschen Schnee und ein dünner Wasserfilm entsteht. Der macht's richtig rutschig!

Wasserfilm

EIS

Schnell, schneller am schnellsten

575 km/h

Der französische TGV

Der schnellste Zug der Welt ist der französische TGV (gesprochen „Tee-Schee-Wee"). Er schafft auf dafür gebauten Strecken eine durchschnittliche Geschwindigkeit von mehr als 300 Kilometern in der Stunde (mehr als ein Formel 1-Auto). Bei Tests erreichte er sogar eine Höchstgeschwindigkeit von 574,8 Stundenkilometern.

3.530 km/h

„Blackbird"

Das schnellste regelmäßig eingesetzte Flugzeug ist die Lockhead SR-71, auch genannt „Blackbird". Sie wird vom amerikanischen Militär zur Auflkärung genutzt.

581 km/h

540 km/h

Maglev

Dragster

Die schnellsten Rennautos sind nicht etwa Formel 1 Rennwagen, sondern die sogenannten „Dragster". Diese abenteuerlichen Konstruktionen sind nur für möglichst schnelle Beschleunigung gebaut, ihre Motoren haben manchmal mehrere tausend PS. Völlig verrückte Dinger! Der Geschwindigkeitsrekord liegt bei mehr als 540 Stundenkilometern.

Die schnellste Magnet-schwebebahn der Welt ist der japanische Maglev. Auf einer Teststrecke hat er schon einmal 581 Stunden-kilometer geschafft. Viel-leicht sind wir irgendwann nur noch mit blitzschnellen Magnetschwebebahnen unterwegs?

Der Zug-Check

Zugfahren ist schon cool, oder? Vor allem als Zugführer: ganz vorne zu stehen und ratternd von einem spannenden Ort zum nächsten zu brausen. Ich kann's beurteilen, ich durfte nämlich eine echte Dampflok fahren. Ganz schön heiß da vorne, und aufregend!

Oberleitung

Makrofon

Cockpit

Bug

Achsen

300 km/h

Bugklappe

Bug (vorne): In diese Richtung fährt der ICE, zu erkennen an den drei weißen Lichtern. Heißt wie beim Schiff.

Cockpit: Hier sitzt der Zugführer.

Makrofon: Die extrem laute Hupe des Zugs, die der Zugführer zum Beispiel an Bahnübergängen ohne Schranke braucht.

Hinten: Zugschluss. Kennzeichen: zwei rote Lichter.

Achsen: An den Achsen sorgen Elektromotoren für Volldampf.

Stromabnehmer: Ein Arm verbindet den Zug mit der Oberleitung. Von dort bekommen die Elektromotoren an den Achsen ihren Strom.

Zugklo (innen): Was im Klo landet, wird nicht weggespült, sondern abgesaugt, um Wasser zu sparen. Auf die Schienen kommt nichts, sondern alles in einen großen Behälter.

Bugklappe: Kann man öffnen und weitere Zugteile dranhängen.

Faktencheck

Züge heißen auch **Schienenfahrzeuge**. Sie können also nur fahren, wo es Schienen gibt. In Deutschland sind ungefähr **34.000 Kilometer Schienen** verlegt, das würde fast einmal um die Erde reichen.

Die **Lokomotive** fährt meist voraus, die **Waggons** für Menschen (Personenwaggons) oder Dinge zum Transportieren (Güterwaggons) werden angehängt. In Deutschland sind jeden Tag rund **30.000 Züge** unterwegs.

Triebwagen sind Waggons mit eigenem Antrieb (zum Beispiel die Lok bei Zügen oder auch Straßenbahnen). Wenn mehrere Triebwagen aneinanderhängen (zum Beispiel beim ICE), nennt man das **Triebzug**.

Was macht ein ICE-Lokführer?

Gecheckt:

Der Arbeitsplatz vom ICE-Lokführer sieht aus wie im Flugzeug: überall Knöpfe und Bildschirme, aber kein Lenkrad. Ein ICE wird vor allem über zwei Hebel gesteuert: links Gas, rechts Bremse. Außerdem muss der Zugführer alle 30 Sekunden auf ein Pedal am Boden drücken. So weiß der Zug, dass der Zugführer fit und alles okay ist. Drückt er eine Zeit lang nicht, bleibt der ICE automatisch stehen, damit nichts passieren kann.

Gas

Bremse

Checkerbude

Genau geschaut: Wer schleppt das meiste Zeug?

Damit Fabriken ihre Produkte verkaufen und wir alles Mögliche im Laden um die Ecke einkaufen können, müssen die Waren durch ganz Deutschland transportiert werden. Da kommen ganz schöne Berge zusammen:

Binnenschiffe schaffen etwa 200.000.000 (zweihundert Millionen) Tonnen,

Güterzüge transportieren fast 400.000.000 (vierhundert Millionen) Tonnen und

Lastwagen packen zusammen mehr als 3.000.000.000 (drei Milliarden!) Tonnen im Jahr weg. Viele Laster fahren lange Strecken aber auch auf Güterzügen mit, weil das sicher ohne Stau geht und umweltfreundlicher ist.

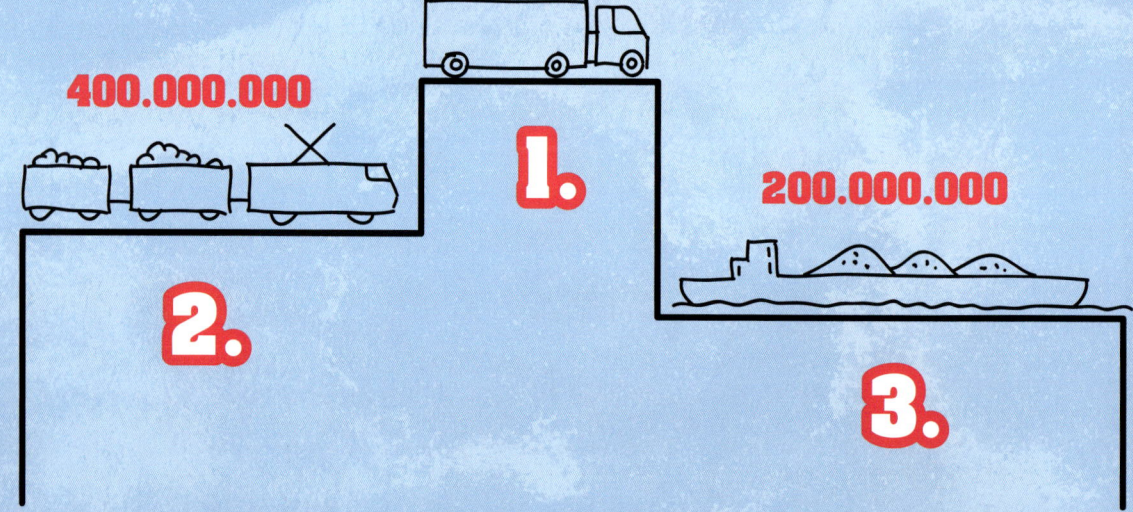

3.000.000.000

400.000.000

200.000.000

1.

2.

3.

Wie fährt eine Dampflok?

FÜR OBERCHECKER!

Zur Zeit der ersten Eisenbahnen gab es nichts, das so schnell fahren konnte wie die dampfenden „Feuerrösser": 30 Stundenkilometer. Man wusste nicht, ob der menschliche Körper solche Geschwindigkeiten aushält. Viele Menschen hatten Angst vorm Zugfahren. War natürlich Quatsch: Rennautos schaffen heute über 300 Stundenkilometer, Flugzeuge noch mehr. Und die Menschen halten's locker aus.

Gecheckt:

Eine Dampflokomotive ist eigentlich eine Dampfmaschine auf Schienen. Mit einer Dampfmaschine kann man alle möglichen Dinge antreiben, zum Beispiel auch Maschinen in Fabriken. Sie braucht immer: Kohle und Wasser. Dann wandelt sie Hitze in Bewegung um. Wie das genau funktioniert, steht auf Seite 58.

Leute, unglaublich! Lokführer Hans hat mich wirklich mit seiner mehr als 100 Jahre alten Dampflok fahren lassen! Ich kann euch sagen: ein super Gefühl, wenn sich der dicke Brummer in Bewegung setzt. Und ganz schön warm da oben, neben der Feuerkiste. So um die 80 Grad, wie in einer heißen Sauna.

Lokführer Hans

Warum fahren Züge auf Schienen?

Gecheckt:

Nein, nicht damit sie wissen, wo's langgeht ... Schienen sind genau wie die Räder des Zugs aus Stahl, einem sehr glatten, stabilen Metall. Diese Kombination erzeugt wenig Reibung – wie auch Schlittenkufen im Schnee. Dadurch rollen Züge besonders leicht und können viel Gewicht bewegen. Anfangs zogen Pferde Wagen auf Schienen aus den Bergwerken. Ein Pferd schaffte mithilfe der Schienen so viel Gewicht wie vorher 30 Pferde auf ihren Rücken.

Gecheckt:

Die Erfindung der Eisenbahn war ein riesiger Fortschritt für die Menschen. Zuvor mussten alle Personen und Waren mit Pferdekutschen transportiert werden. Das dauerte viel länger. Außerdem war in einer Kutsche viel weniger Platz. Seit Bestehen der Eisenbahn konnten die Fabriken dann größere Mengen produzieren und auch an weiter entfernte Orte verkaufen. Und auch die Menschen selbst wurden mobiler.

Warum war die Erfindung der Eisenbahn so wichtig?

Die Strecke von Leipzig nach Dresden (etwa 100 Kilometer) dauert mit der Pferdekutsche 21 Stunden, mit der Dampflok, drei Stunden und heute mit dem ICE, eine Stunde und 15 Minuten.

21 Stunden

3 Stunden

1 Stunde und 15 Minuten

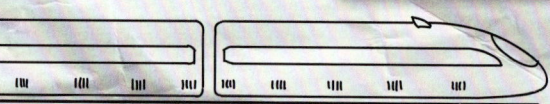

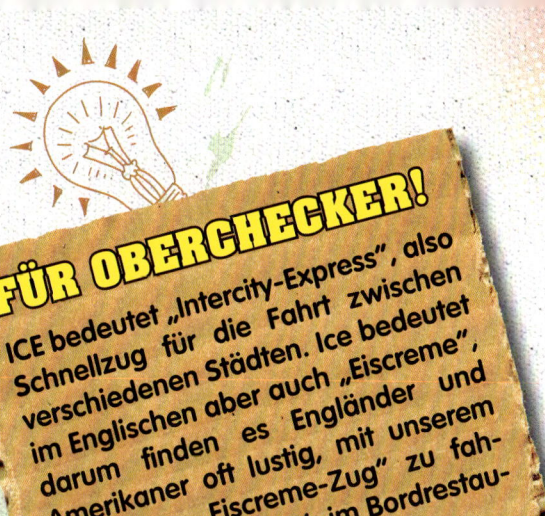

Mit welchem Zug wohin?

Es gibt viele Arten von Zügen. Hier die interessantesten:

- U(ntergrund)-Bahn und Straßenbahn (Tram): wichtigstes Verkehrsmittel in der Stadt

- S(chnell)-Bahn und Regionalbahn: S-Bahnen fahren die längeren Strecken in der Stadt bis aufs Land. Regionalbahnen starten von größeren Bahnhöfen in der Stadt und fahren weiter aufs Land.

- InterCity und ICE: Die schnellsten Züge in Deutschland verbinden meistens weiter entfernte Städte in Deutschland und fahren auch in andere Länder.

- Güterzug: Ist ein wichtiges Transportmittel für Waren aller Art, von neuen Autos über Heizöl bis hin zu voll beladenen Lastwagen.

Wie kommt der **Strom** in die Steckdose?

Wie wird aus Bewegung Strom?

Aus Bewegung lässt sich Strom erzeugen. Dazu braucht man einen **Generator**, also einen „Erzeuger".
Bewegung (zum Beispiel die Drehungen eines Windrades) treibt starke **Magneten** an: Diese werden sehr schnell an **Spulen**, also aufgewickeltem **Kupferdraht**, vorbeibewegt. Dadurch entsteht **elektrische Spannung**. Also Strom. Der im Generator erzeugte Strom kann durch Stromleitungen da hingebracht werden, wo er gerade gebraucht wird – bis zu uns in die Steckdose!

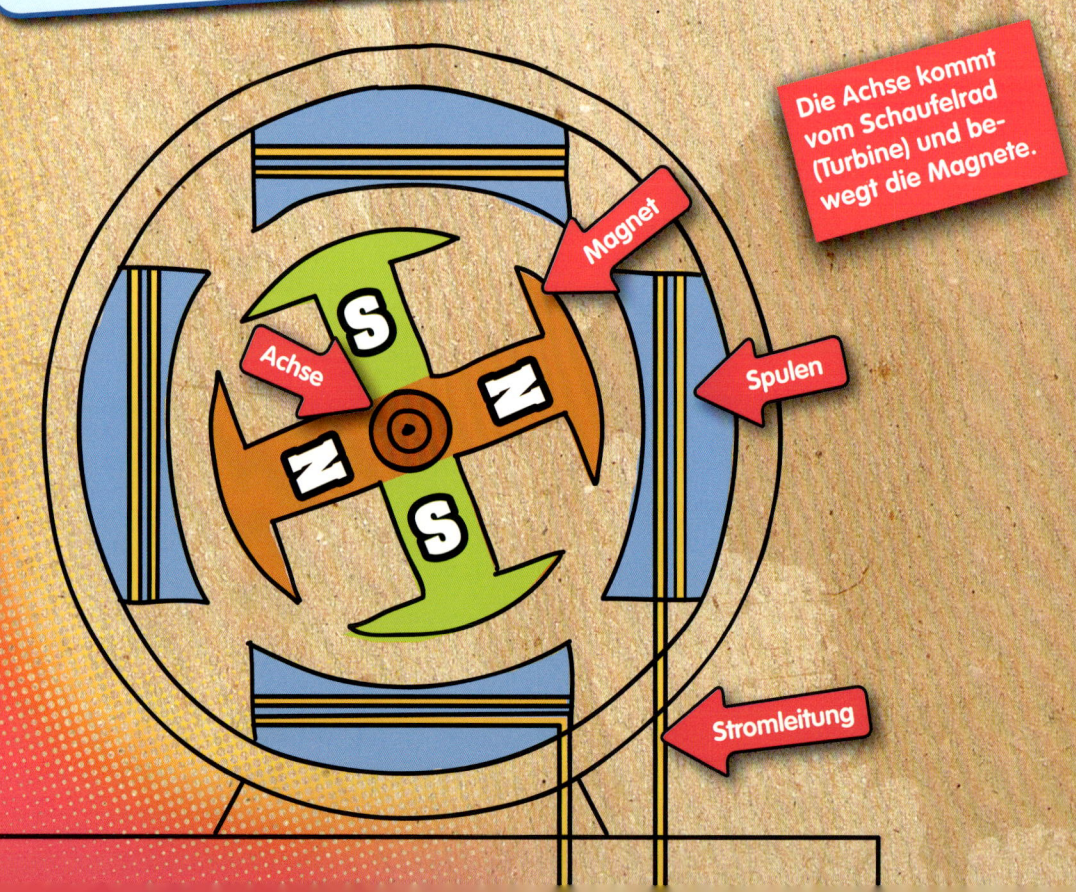

Die Achse kommt vom Schaufelrad (Turbine) und bewegt die Magnete.

Magnet

Achse

Spulen

Stromleitung

Strom selbst gemacht: der Fahrrad-dynamo

Einen Stromgenerator im Mini-Format kennst du auf jeden Fall: den Fahrraddynamo. Trittst du in die Pedale, bewegt sich durch die Drehung der Reifen ein kleines Rädchen am Dynamo. Dieses Rädchen dreht im Inneren des Dynamos einen Magneten. Der dreht sich an einer Spule aus Kupferdraht vorbei. **Draht + Bewegung + Magnetfeld = Strom**. Und schon leuchtet der Fahrradscheinwerfer! Der Dynamo ist ein kleiner Stromgenerator.

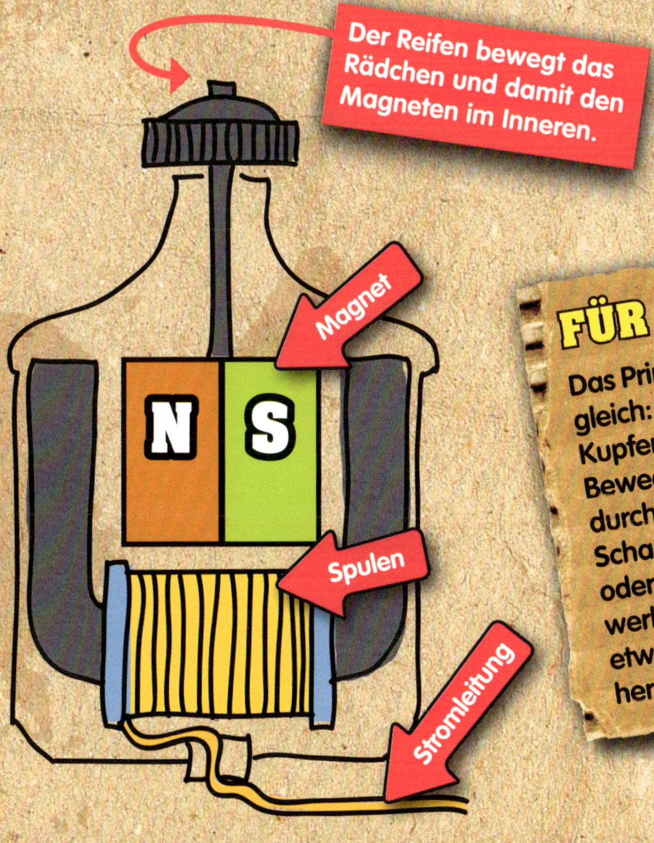

Der Reifen bewegt das Rädchen und damit den Magneten im Inneren.

Magnet

N S

Spulen

Stromleitung

FÜR OBERCHECKER!

Das Prinzip eines Generators ist immer gleich: Bewegung eines Magneten + Kupferdrahtspule = Strom. Egal, ob die Bewegung durch Wind beim Windrad, durch Wasser und Turbine (großes Schaufelrad) beim Wasserkraftwerk oder durch Dampf bei Kohlekraftwerken erzeugt wird. Je schneller sich etwas rührt, desto mehr Strom kommt heraus.

Register

Auflösung Mitmachfragen

Mit der Erfindung des Verbrennungsmotors konnte man motorisierte Wagen bauen. So war man nicht mehr auf Pferde angewiesen, kam bald schneller voran und konnte sogar noch mehr transportieren. Einige Zeit gab es Pferdekutschen parallel zu motorisierten Wagen, doch bald wurden Motoren und Kraftstoff billiger und für immer mehr Menschen erschwinglich. Heute ist das Auto unverzichtbar und viele Familien haben sogar zwei Autos.

Der Flughafen-Check, S. 47

Antwort B ist richtig. Natürlich werden dafür keine echten Bären benutzt, aber die großen Fahrzeuge mit dem Enteisungsspray heißen so.

Eisbär

Der Autor

Florian Sailer lebt und arbeitet als Autor und Journalist in München – ganz in der Nähe des Checker-Studios. Er hat dem Checker über die Schulter geschaut, ihn mit Fragen gelöchert und ist deshalb ganz nah dran an den Checker-Themen. Während Can fleißig Neues für dich auscheckt, schreibt Florian das Beste aus den Sendungen für dich auf.

Impressum

Mit Farbfotos von: (S = shutterstock.com; F = fotolia.com; P = panthermedia.net; pa = picturealliance.com, Dpa = Deutsche Presse-Agentur; SZ = Sueddeutsche Zeitung)

Ade Zech/P: S. 71 u. l.; AnatolyM/S: S. 16 u. r.; Alessandro Colle/S: S. 73 o.; ARCO IMAGES/I: S. 90 u.; Arne Trautmann/P: S. 71 u. r.; Arno Bachert/F: S. 28 u.; Arnulf Hettrich/I: S. 64 o.; Ashley Ciaglia/CaliforniaSkateparks: S. 25 o.r.; Baloncici/S: S. 75 u.; Bernd Heinzler/P: S.24 u. l.; Bernd Thissen/pa/dpa: S. 93 u.; Bildpix.de/F: S. 68; blickwinkel/I: S. 86 u. r.; Bonny Makarewicz/pa/dpa: S. 92 u.; Brian Kinney/S: S. 106 o.; Byelikova Oksana/S: S. 83 u.; Carlos_De_Saa/pa/dpa: S. 76 o. r.; Carlos E. Santa Maria/S: S. 47; chalabala/S: S. 44 u. l.; ChameleonsEye/S: S. 98 o.l.; Christian Galliker: S. 17 o.; Composer/F: S.25 u.; Corepics VOF/S: S. 46 u. r.; D. Harms/pa/WILDLIFE: S. 80 m., Denis Radovanovic/S: S. 18; Dieter Beselt/P: S. 60 l.; dragunov/S: S. 24 u.; DRK/Bergwacht: S. 86 l.; Duncan Walter/is: S. 15 u.; epa Keystone Olivier Maire/pa/dpa: S. 76 m.; Featureflash/S: S.85 r.; Florian Sailer: S. 110 u.; FSU-Fotozentrum/pa/ZB: S. 30 u.; Frederico Rostagno/S: S. 64 o.; Gabriele Willig/P: S. 46 u. l.; Garsya/S: S. 39 u.; Gero Breloer/pa/dpa: S. 28 o.; Hoch Zwei Stock/I/Angerer: S. 16 u. l.; Holger Baumgärtner/P: S. 31 o.; Hopfner/megaherz: S. 8 o., 9 u., 10 o., u.; 11 o. u., 12, 13 m. , 15 o., 17 u., 19, 20 o., 20 u., 21 o., u., 22 o., 23, 25 o., u. r., 26 u., 32 o., u., 37, 39 o., 40 u., m., 41, 42, 45 u., 49 o.; u. l., 50 u., 51 o., u., 53 u., 54 o., 55 o. l., o. r., 59 o. r.; 61 u., 62 m. r.; 67 u., 75 o.; 77 o. r., 79 u., 80 u., 82 o., u. l., 85 o. l., 87 u., 91 u., 94 u., 95 o., u., 101 o., 103, 107 o., 110 m.; Intis Vigmanis/S: S.65 u. (Hintergrund); Ivan Cholakov/S: S.98u.l.; Jaan Rose/Gibbon-Slacklines: S. 84 l.; James Jones Jr/S: S. 67 u.; Javier Sánchez/S: S. 35 u.; jgorzynic/S: S.58 l., 110 o.; Joe Scarnici/pa/ ZUMAPRESS.com: S. 77 m.; jogyx/F: S. 90 u.; JONATHAN HAYWARD/pa/AP Images: S. 92 o.; Jürgen Effner/pa/dpa: S. 8 u.; Kajano/S: S. 66 u.; Karl-Josef Hildenbrand/pa/dpa: S. 65 o.; Karo/I: S. 86 u. l.; Kichigin/S: S. 74 o.; Lars Reimann/I: S. 101; LAURENT REBOURS/pa/AP Photo: S. 76 u.; LEITNER ropeways: S. 72 u. l., Zeichnung nach Bildvorlage von LEITNER ropeways; Lucky Dragon/S: S. 96 u.; Mag. Alban Egger/S: S. 89 u.; Maksim Toome/S: S. 110 u.; Manfred Segerer/pa: S. 27 u.; Marcel Wenk/F: S. 73 m.; Marco Stepniak/I: S. 45 o.; Margit Brettmann/I: S. 100; Markus Casna/pa/EXPA/picturedesk.com: S. 77 u.; Matze/F: S. 29 u.; Maurizio Gambarini/pa/dpa: S. 31 u.; My good images/S: S. 89 r. o.; pa/AKG Images: S. 52 u.; Paul W. John /pa/akg-images: S. 94 o.; Pavel Lysenko/S: S. 56 o.; Pavel Vakhrushev/S: S. 44 o. r.; Peter Gudella/S: S. 6 o.r.; Pius Lee/S: S. 56 u.; praefulgeo/F: S. 22 u.; Rafa Irusta/S: S. 44 u. r.; Rainer Jensen/pa/dpa: S. 35 u.; Ralph Peters/I: S. 16 o. r.; Ramona Heim/S: S. u. l.; Regien Paassen/S: S.105 u.; Reinhold Vigl/P: S. 73 u.l.; Robert Rider/S: S. 6 u.l.; Robin Lund/S: S. 74 u.; Roland Mühlanger/I: S. 91 o.; Rüdiger Wölk/I: S. 105 o.; saasemen/S: S. 44 o. l.; Sabine Gudath/I: S. 49 u. r.; science photo library/AKG Images: S. 78 u.; Sean Nell/S: S.105 r. m.; Silvano Rebai/F: S. 70; Smileus/S: S. 64 u.; Stefan Schurr/S: S. u. r.; Steffen Foerster/S: S. 84 u.; Stephen Brashear/I: S. 84 o. r.; Steve Mann/S: S. 98 m.; Tatiana Popova/S: S. 38 o.; Thomas Hörner/pa/dpa: S. 84 l.; Uros Zunic/S: S. 85 o.l.; Vulkanisator/S: S. 83 r.; Wolfgang Weihs/pa/dpa: S. 13 u.; yanugkelid/S: S. 16 o. l.; Yonhap/pa/dpa: S. 99 m.; Zeljko Radojko/S: S. 62 o. l.

Mit Zeichnungen von Robert Mayer, München und Götz Rohloff, Köln.

Umschlaggestaltung von Götz Rohloff, Köln, unter Verwendung eines Fotos von Hans-Florian Hopfner, megaherz (Can Mansuroglu), sowie Fotos von 3DDock/S (Flugzeug), Gilles Lougassi/S (LKW), Oleksiy Mark/S (Zug), Sergio Foto/S (grauer Untergrund), Thomas Knauer/P (Sonnenblume) und ValeStock/S (Sessellift) sowie Zeichnungen von Robert Mayer, München und Götz Rohloff, Köln.

Unser gesamtes lieferbares Programm und viele weitere Informationen zu unseren Büchern, Spielen, Experimentierkästen, DVDs, Autoren und Aktivitäten findest du unter kosmos.de

Gedruckt auf chlorfrei gebleichtem Papier

MIX
Papier aus verantwortungsvollen Quellen
FSC® C004592
FSC
www.fsc.org

©2013, Franckh-Kosmos Verlags-GmbH & Co. KG, Stuttgart
Alle Rechte vorbehalten
ISBN: 978-3-440-13448-1
Redaktion: Jana Raasch
Layout und Satz: Götz Rohloff – Die Buchmacher, Köln
Produktion: Verena Schmynec
Printed in Germany / Imprimé en Allemagne

Checker Can war auf Streifzug – ob auf dem Bauernhof, im Hamburger Hafen oder bei der Polizei: Es gibt die verrücktesten Dinge zu entdecken! Euch erwarten in diesem Buch neben coolen Antworten auf schräge Fragen jede Menge Experimente, Spiele und Wetten. Seid ihr genauso neugierig wie der Checker? Macht mit und werdet selbst zum Checker!

Checker Can | Das Checkerbuch
112 S., ca. 320 Abb., €/D 9,99

Lachen bis zum Abwinken! Mit dieser bunten, frech illustrierten Sammlung bleibt kein Auge trocken. Bei 999 originellen Witzen weiß man echt nicht, welche man sich merken soll. Vielleicht zuerst die Spezialwitze vom Checker?

Checker Can | Das Witzebuch
288 S., €/D 9,99

Warum muss man Skier bügeln? Wieso stinkt ein Pups? Wie wird man Polizist? Bist du ein Checker und kennst dich aus?

Ob alleine oder mit Freunden – teste dein Wissen quer durch alle Themen. Von Fußball über Tiere bis hin zur Feuerwehr. Gecheckt?!

Checker Can | Das Quizbuch
288 S., ca. 100 s/w-Zeichnungen, €/D 7,99